Bertolt Brecht

Leben des Galilei

von Gisela Wand

Schroedel Interpretationen Band 3

Druck A 1 / Jahr 2009

Redaktion: Dr. Hans-Georg Schede
Reihentypografie: Thomas Schröder, Braunschweig
Satz: Ira Petersohn, Ellerbek
Repro: westermann druck GmbH, Braunschweig
Druck: pva, Druck und Medien-Dienstleistungen GmbH, Landau
Titelbild: Josef Bierbichler als Galilei in B. K. Tragelehns Inszenierung von Brechts »Leben des Galilei« mit dem Berliner Ensemble aus dem Jahre 1997.
Foto: ullstein bild – Will

ISBN 978-3-507-47702-5

Einführung

Bertolt Brechts *Leben des Galilei* ist anregend und aufregend, es ist Freude und Ärgernis. Vielleicht ist es das vertrackteste Bühnenstück der deutschen Literatur. Sicherlich ist es das *opus magnum*, das bedeutendste Werk dieses bedeutenden Dichters. Der Suhrkamp Verlag prophezeite ihm 1958 Unsterblichkeit und druckte es als Nummer 1 der Taschenbuch-Reihe *edition suhrkamp*. Diese Vorrangstellung wurde in der Reihe *Suhrkamp BasisBibliothek*, deren erster Band *(Leben des Galilei)* als Textgrundlage der folgenden Darstellung dient, neu bestätigt.

Die frühen Lehrstücke Brechts sind so gut wie vergessen; in der Gunst der Kritik überflügelt seit Jahren der Lyriker Brecht den Stückeschreiber. Aber von seinen Bühnenwerken behauptet sich – neben dem Dauer-Hit *Dreigroschenoper* – vor allem der *Galilei* weiterhin auf deutschen und internationalen Spielplänen. An der darin entbundenen Spannung zwischen Virtuosität und Intellektualität, kaltblütiger Konstruktion und vitaler Sprachkraft, hinreißendem Spiel und sich wandelnder politischer Wirkungsabsicht ist Brecht, mag sein, sogar gescheitert. Wenn das aber zutrifft, so ist noch die zerbrochene Form groß.

Tatsächlich war Brecht mit seinem *Galilei* nie ganz zufrieden. Die Gestalt des italienischen Physikers Galileo Galilei (1564 bis 1642) und die historische Epoche des Umbruchs der abendländischen Welt vom Mittelalter zur Neuzeit kamen ihm zunächst für das Programm eines modernen Theaters »im wissenschaftlichen Zeitalter« (BW, Band 16, S. 701) gelegen. Aber allmählich gingen die großen Bedrückungen der Zeit – vom Nationalsozialismus und den Moskauer Prozessen bis zur Atombombe und den Erfahrungen des Kalten Krieges – in das Stück ein. Brecht überarbeitete und veränderte den Text bis buchstäblich ins Jahr seines Todes (1956), sodass der *Galilei* für ihn fast ein solches Lebensprojekt wurde wie der *Faust* für Goethe.

Brechts *Leben des Galilei* ist Dichtung, ist Fiktion. Dennoch ist das Stück doppelt in Geschichte eingebettet: in die historische Zeit Galileis und in die politische, soziale und kulturelle Geschichte des 20. Jahrhunderts ab etwa 1930. Stationen von Brechts Biographie und Denkweise spiegeln sich darin; Selbstkommentare um- und überlagern das Stück; der Autor hat sich in Probenprotokollen, Briefen, Arbeitstagebüchern und theatertheoretischen Beiträgen dazu geäußert. Dies alles ist aufschlussreich und zumindest exemplarisch zur Kenntnis zu nehmen: Eine rein textimmanente Interpretation würde im Falle des *Galilei* zu kurz greifen. Dennoch ist während der Lektüre und Interpretation in erster Linie – der Maxime Brecht-Galileis folgend – den eigenen Augen zu trauen. Die Fakten dürfen sich nicht den Meinungen, sondern Meinungen müssen sich den Fakten unterwerfen, befand Brecht. Das entscheidende Faktum ist der Text des Stücks. Er steht im Mittelpunkt des Bemühens. Meinungen, Theorien und auch die Lehrsätze des epischen Theaters werden dagegen so lange als Vorurteile behandelt, bis der Text sie bestätigen kann.

Ziel dieses Buchs ist es, das Werk, *Leben des Galilei,* mit Blick auf seine Entstehungsgeschichte zu erschließen. Besonders die Kapitel I.1, I.3 und V dienen diesem Anliegen. Die mit der Entstehungsgeschichte verbundenen Probleme sind gesondert in Kapitel III.3 dargestellt. Brechts Leistung als großer Dramatiker tritt besonders in den »Exemplarischen Interpretationen« (Kapitel IV) zutage.

Die Zitate in diesem Band werden mit Kürzeln nachgewiesen, die in der Bibliographie (ab S. 123) aufgeschlüsselt sind.

I Biographische und zeitgeschichtliche Einflüsse

1 Biographischer Zusammenhang

Bertolt Brechts Leben (1898–1956) fällt in eine Zeit großer politischer Umwälzungen und Erschütterungen. In Russland findet 1917 die Oktoberrevolution statt. Nachdem Deutschland 1918 den Ersten Weltkrieg verloren und der Kaiser abgedankt hat, ringt die junge Weimarer Republik um ihre Anerkennung und ums Überleben. Sie kämpft den Kapp-Putsch (1920) nieder und hat sich eben mühsam stabilisiert, als mit der Inflation erneut Massenarbeitslosigkeit und die Radikalisierung der linken und rechten Gruppierungen einsetzt. In Bayern etabliert sich 1919 kurzzeitig eine Räterepublik. 1923 putschen dort Hitler und die Nationalsozialisten und melden ihren Machtwillen an.

Nach dem Zweiten Weltkrieg, als Brecht 1947 über Paris und Zürich aus dem Exil in den USA zurückgekehrt ist, erlebt er – von Ost-Berlin aus – die Teilung Deutschlands und die erste Phase des Kalten Krieges.

Literarisch wirkt in der Zeit nach dem Ersten Weltkrieg der Ästhetizismus der George-Schule bis in die Universitäten hinein und das gebildete Bürgertum liest Rainer Maria Rilke und Hugo von Hofmannsthal. In Berlin hat bereits eine Generation zuvor Gerhart Hauptmann mit den naturalistischen Dramen seines Frühwerks die Aufmerksamkeit auf das Elend der einfachen Leute gelenkt; nun geben dort die Expressionisten den Ton an. Als größter Erzähler der Epoche gilt Thomas Mann; spätestens seit seiner Auszeichnung mit dem Nobelpreis (1927) wird er zur international geachteten Stimme des geistigen Deutschland. – Der junge Brecht lehnt das alles ab. Er ist dagegen. Er spottet, parodiert, polemisiert, weiß aber noch nicht recht, wohin sein eigener Weg führen soll. Was ihn anzieht, sind Satire und Kabarett, die in München blühen; er lernt den Volkskomiker Karl Valentin kennen und verehrt seit der Schulzeit Frank Wedekind. Er verhöhnt den deutschen Idealismus und weihevolles Poeten- und Dichtertum; die exaltierte Gestik des Expressionismus ekelt ihn an. Seine eigenen Versen hält er kühl und betont unsentimental. Er beginnt, sich für schnelle Autos und Boxkämpfe zu begeistern und das Geschehen in Sportpalästen gegen das im Theater auszuspielen. Er setzt sich eine proletarische Schiebermütze auf den Schädel und will die Dinge beim Namen nennen.

Brecht wurde am 10. Februar 1898 in Augsburg geboren und auf den Namen *Berthold Eugen Friedrich* getauft. Indem er ihn ein wenig strafft, sich *Bertolt* und gelegentlich auch *Bert Brecht* schreibt, macht er ihn zum Programm. (Freunde nennen ihn den »großen BB«.) Sein anscheinend billiges Brillengestell (aus Titan) und die kittelartigen grauen Anzüge (aus Seide), die er bald bevorzugt trägt, sind kalkuliert. Brecht weiß sich zu vermarkten. Er wird zum harten Verhandlungspartner seiner Verleger und verachtet – wie später die Figur seines Galilei – träumerische Schöngeister und »Leute, deren Gehirn nicht fähig ist, ihren Magen zu füllen« (Bild 3, S. 40).

Brecht wuchs in einem protestantisch-konservativen, national gesinnten Elternhaus auf. Sein Vater war Prokurist in einer Augsburger Papierfabrik und arbeitete sich allmählich zu deren leitendem Direktor empor. Der Bruder wurde Soldat und kämpfte in München gegen die Roten, die Linken. Aber Brecht scherte aus und wurde zum antibürgerlichen Rebellen und Anarchisten. Körperlich war der junge Brecht schmächtig und von zarter Konstitution. Schon bei dem

Bertolt Brecht und der Boxer Paul Samson-Körner (1928).

Zwölfjährigen trat eine Herzneurose auf, die Panikattacken und Todesangst verursachte. Es ist darum nicht auszuschließen, dass er sich bewusst eine gewisse Raubeinigkeit des Auftretens antrainierte, um die gesundheitliche Gefährdung zu überspielen. Der Berliner Freund Arnolt Bronnen empfindet den Widerspruch zwischen Brechts »stechenden Punktaugen« und dem zarten Mund, »der das träumte, was sonst die Augen träumen« (nach Mittenzwei I, S. 161) Lion Feuchtwanger, sein Förderer an den Kammerspielen in München, beschreibt ihn 1923 so:

> Brecht […] schreckt vor keiner Derbheit zurück und nicht vor letztem Realismus. Er ist ein wunderliches Gemisch von Zartheit und Rücksichtslosigkeit. Von Plumpheit und Eleganz, von Verbohrtheit und Logik, von wüstem Geschrei und empfindlicher Musikalität. Er wirkt auf viele

> abstoßend; aber wer einmal seinen Ton begriffen hat, der kommt schwer los von ihm. Er ist widerwärtig und reizvoll, ein sehr schlechter Schriftsteller und ein großer Dichter und unter den jüngeren Deutschen ohne Zweifel der, der die meisten geniehaften Züge trägt. (Nach Mittenzwei I, S. 188)

Auch anderen fiel auf, dass der, der sich betont nüchtern als »Stückeschreiber« bezeichnete, im Grunde ein Dichter war.

Brecht machte während des Krieges 1917 in Augsburg sein Notabitur, schrieb sich in München als Student der Medizin ein, wurde kurz darauf als Sanitätssoldat eingezogen und tat bis 1918 Dienst in einem Hilfslazarett in Augsburg. Während dieser Zeit und während die auf 1918 folgenden Wirren Deutschland in Atem hielten, schrieb er seine frühen Stücke und suchte den Kontakt zum Theater. In rascher Folge entstanden *Baal, Trommeln in der Nacht* (ursprünglicher Titel: *Spartakus*), eine Reihe von Einaktern, *Im Dickicht der Städte* und – etwas später – *Mann ist Mann*. Außerdem schrieb er eine Fülle von Gedichten, die er als Nebenwerke abtat. Das Medizinstudium gab er wieder auf.

Baal, die Titelgestalt des genialischen Jugendwerks, ist eine Art Naturereignis, ein unflätig-sinnliches Menschenungeheuer mit einer zarten Seele, ein Lyriker, der zum Zuhälter und schließlich zum Mörder wird. Er ist asozial in seinem maßlosen Glücksverlangen und groß in seinem Verhältnis zur Natur, die wie er ohne Moral ist. Ihr fühlt er sich zugehörig. Am Ende geht Baal zugrunde. Mit dieser Figur, deren Vitalität bis in den Galilei hinein nachwirkt, sagt Brecht der bürgerlichen Leistungs- und Pflichtethik den Kampf an, so wie er in *Trommeln in der Nacht* den Revolutionshelden entzaubert: Der Artillerist Kragler, die zentrale Figur im Stück, kommt aus dem Krieg zurück und schließt sich dem Spartakus-Bund an, aber nicht weil er revolutionär denkt, sondern weil seine Braut einen anderen hat. Als sie ihn doch wieder zu sich nimmt in das »große weiße, breite Bett«, kehrt er der Revolution den Rücken. Die Kritik spricht von Brechts »zynische[r] Parteinahme für das Schwein« (Mittenzwei I, S. 107).

Der junge Brecht, beeinflusst von Friedrich Nietzsche, kennt keine ideologische Heimat und keine Zukunftsvision. Die Geschichte ist für ihn ohne Sinn. Sein Blick auf die Welt ist der des Nihilisten. Aber die desillusionierte Grundhaltung führt nicht zu Resignation, sondern im Gegenteil zum Appell zu intensivem Lebensgenuss, der im *Baal* propagiert wird. Mit dem christlichen Glauben hat Brecht gebrochen. In seiner berühmten ersten Lyriksammlung *Die Hauspostille* (1927) lauten die ersten und letzten Verse des Schlussgedichts: »Laßt euch nicht verführen! / Es gibt keine Wiederkehr. […] / Ihr sterbt mit allen Tieren / Und es kommt nichts nachher.« (BW, Band 8, S. 260)

1926 begann Brecht, *Das Kapital* von Karl Marx zu studieren, um ökonomische Fragen zu verstehen, aber er bewahrte in sich das Lebensgefühl seiner frühen Jahre und wurde nicht abrupt zum Marxisten: Für geistige Prozesse ließ er sich Zeit. In den Dreißigerjahren wird er sich von der Notwendigkeit einer revolutionären Veränderung der Gesellschaft überzeugen, aber als junger Mann war er politisch ungewöhnlich desinteressiert und nahm das Scheitern der Linken in Deutschland gleichgültig hin. Zur Entwicklung der UdSSR, die er später verteidigte, äußerte er sich um 1920: »Mit graut nicht vor der tatsächlich erreichten Unordnung dort, sondern vor der tatsächlich angestrebten Ordnung.« (Nach Mittenzwei I, S. 123) Kurt Tucholsky empfand Brecht noch 1930 als einen unpolitischen Dichter, der die Nationalsozialisten nicht ernst zu nehmen vermag, obwohl er längst auf ihrer schwarzen Liste steht (Mittenzwei I, S. 290 und 430).

Als das Stück *Trommeln in der Nacht* 1922 von den Münchner Kammerspielen angenommen wurde, verlangte Brecht, im Zuschauerraum Tafeln mit der Aufschrift »Glotzt nicht so romantisch!« aufzustellen. Sie sollten das Bewusstsein des Publikums dafür wachhalten, dass es im Theater sitzt. Schon hier wollte Brecht Anti-Illusionstheater. Diesen Ansatz baute er später zur Theorie des *epischen Theaters* aus. 1924 wurde Brecht Dramaturg am Deutschen Theater in Berlin. Als er dort eintraf, ging ihm bereits der Ruf des Avantgardisten voraus.

Brecht drängte darauf, selbst Regie führen zu können. Als Dramaturg hatte er aber vor allem die Aufgabe, Stücke für die Bühne einzurichten. Zum Experimentierfeld wurde ein Werk des Engländers Christopher Marlowe (1564–1593). Brecht entwickelte nun weiter, was er bereits im Freundeskreis in Augsburg praktiziert hatte: die Arbeit im Team. Alles Strittige wurde im Kreis der Freunde und Mitarbeiter durchgesprochen, Ideen wurden ausgetauscht. Die Übersetzung aus dem Englischen verfertigte Brecht zusammen mit Feuchtwanger. Er beriet sich mit dem Jugendfreund Caspar Neher, der in der Folge oft die Bühnenbilder für seine Stücke entwarf. Während der Probenarbeit passte er den Text den Erfordernissen des Theaters an und berücksichtigte Einwände der Schauspieler. Ab 1927 arbeitete er darüber hinaus mit Komponisten wie Kurt Weill, Hanns Eisler, Paul Dessau und Paul Hindemith zusammen, sodass Dichter und Musiker sich wechselseitig inspirieren konnten.

Unter Brechts engsten Mitarbeitern finden sich viele Frauen. Ihr Anteil an seinem Werk ist hoch. Seit 1925 und bis ans Lebensende war Elisabeth Hauptmann die Mitarbeiterin, auf die er nicht verzichten mochte. Brechts Verlag finanzierte sie als seine Assistentin. Sie entdeckte mit John Gays (1685–1732) *Beggar's Opera* (1728) den Plot für die *Dreigroschenoper*, war Partnerin, eigenständige Autorin und Geliebte. »Private Inti-

Bertolt Brecht mit dem Komponisten Hanns Eisler (links) und dem Regisseur Slatan Dudow (um 1932).

mität und kollektive Intensität verschmolzen bei Brecht zu dem lebenslang praktizierten Modell der Arbeits- und Liebesbeziehung« (Jaretzky, S. 64).

Brecht spazierte, behaglich an seiner Zigarre schmauchend, durchs Zimmer, hörte sich dabei Argumente und Gegenargumente von Dutzenden von Leuten an, witzelte, zwinkerte und blieb doch unbeirrbar auf seiner Linie. Er ritt seinen Gedanken weiter, bis er ihn, großartig formuliert, gleich vor einem Miniaturpublikum einem seiner stets anwesenden dienstbaren Geister diktierte. Sein Hirn schien mir ein tintenfischähnliches Saugorgan, sich ständig mit Polypen-Armen Material zuwachelnd.

Der Freund Arnolt Bronnen über Brechts Arbeitsweise, zitiert nach: Reinhold Jaretzky: Bertolt Brecht (rowohlts monographie), S. 60

Brechts Verhältnis zu Frauen war außerordentlich unorthodox und sonderbar. Er ging zahlreiche Beziehungen ein, die er alle möglichst nie mehr auflösen mochte. Aber während er von den Frauen Treue verlangte, sollten sie seine Unabhängigkeit und Freundschaft mit anderen Frauen akzeptieren, »denn ich bin ein Provisorium und muß Sprungweite haben, ich wachse noch« (zitiert nach Jaretzky, S. 34). 1929 heiratete er zur Bestürzung seiner damaligen Geliebten die Schauspielerin Helene Weigel (»die Weigel«); aber die Affären dauerten an. Als Brecht 1933 Deutschland verließ, nahm er mit seiner Familie auch die engsten Vertrauten mit. Sein Biograph Werner Mittenzwei urteilt, keine Frau habe Brecht »für sein Leben mehr gebraucht als die Weigel«, auch wenn ihm andere Frauen zeitweilig näher gestanden hätten (Mittenzwei I, S. 308).

Brecht verachtete Unterhaltungstheater, und doch wurde seine *Dreigroschenoper* mit ihren Elementen von Jazz, Revue und Operette schmissige und gut gemachte Unterhaltung und sein größter Bühnenerfolg bis in die Zeit nach der Machtübernahme durch die Nationalsozialisten hinein. Sie machte Brecht zum Erfolgsautor und wohlhabenden Mann. Die Songs mit Kurt Weills schrägen Sounds wurden zu Schlagern. Die *Dreigroschenoper* spielt in der Londoner Unterwelt. Aber zu dem Zuhälter Macheath (Mackie Messer) und dem Bettlerkönig Peacham, die ihre Geschäfte beide eiskalt als kapitalistische Unternehmen organisieren, gesellt sich als Dritter im Bunde der Londoner Polizeichef Brown, denn auch er hat Anteil an Korruption, Betrug und Profit. Das Publikum genoss die Romantisierung des kriminellen Milieus; dennoch ist die Tendenz der *Dreigroschenoper* sozialkritisch. Die These »Wie ihr es immer dreht und wie ihr es immer schiebt / Erst kommt das Fressen, dann kommt die Moral« gilt später, wenn auch weniger aggressiv gefasst, auch für den *Galilei*.

Etwa ab 1929 gewann in Brechts Schaffen die marxistische Analyse der Gesellschaft die Oberhand über die Lust an Parodie und Komödiantentum. Besonders durch die Begegnung mit den Schriften des geistig von jeder Parteidoktrin freien marxistischen Philosophen und Dialektikers Karl Korsch vertieften sich seine Marxismus-Kenntnisse. Korsch war von der revolutionären Rolle des Künstlers überzeugt und unterstützte Brechts Vision des »eingreifenden Denkens«. Produktiv wirkte auch das Vorbild des kommunistischen Komponisten Hanns Eisler, der Wert darauf legte, nicht *für* Arbeiter, sondern *mit* Arbeitern Musik zu machen. Brecht übernahm diesen Gedanken. Er wandelte sich zum politischen und *engagierten Schriftsteller* und entwickelte den Typus des Lehrstücks, einer didaktisch-experimentellen Form, die sich in erster Linie nicht an ein Publikum, sondern an die Darsteller selber wendet. Laienschauspieler, Schüler und Arbeiterchöre sollten spielend unterschiedliche Haltungen und Handlungen ausprobieren und über Lösungen reflektieren können. Der Marxismus wurde Brecht zur Erkenntnis- und Denkmethode, die Widersprüche aufspürt. Zu seinen Lehrstücken gehören *Der Ozeanflug* und *Das Badener Lehrstück vom Einverständnis, Der Jasager und Der Neinsager* – jeweils als komplementäre Lösungsangebote entworfen –, die *Mutter* und die bewunderte und berüchtigte *Maßnahme*, zu der Hanns Eisler die Kampflieder und Chöre komponierte.

In dieser Zeit begann Brecht zudem mit der Arbeit an dem Agitationsstück *Die heilige Johanna der Schlachthöfe* (ab 1929). Darin wird das vielschichtige und erneut an Baal erinnernde Porträt des kapitalistischen Kolosses und Spekulanten Mauler entworfen, der den Chicagoer Fleischmarkt ruiniert. Das Heilsarmee-Mädchen Johanna will ihn zur Güte bekehren und erreichen, dass er den Arbeitslosen Suppe gibt. Erst am

Ende, sterbend, begreift sie, dass der von ihr eingeschlagene Weg aussichtslos war und die Arbeiter recht haben: Nur Streik und die Gewalt des organisierten Widerstands können aus der Krise führen.

Brecht hat seine *Johanna* als Kontrafaktur zu Schillers *Jungfrau von Orleans* angelegt. Schillers Idealismus setzt er seinen Materialismus in der Darstellung der wirtschaftlichen Verhältnisse entgegen. Er verwendet in karikierender Absicht den Blankvers des klassischen Dramas. Aber kein deutscher Dramatiker ist Schiller näher als der ebenfalls kopfgesteuerte Materialist Brecht, der Schiller in seiner Jugend verschlungen und bei ihm gelernt hat, dramatische Effekte zu setzen, und der wie Schiller mithilfe des Theaters die Gesellschaft verändern möchte. Die Idee, Chöre einzusetzen, findet er bei Schiller, in dessen Dramenschaffen auch die Wurzeln zum Weltanschauungs- und Ideendrama des *Galilei* mit seinem weiten historischen Panorama liegen. Noch zur schattenhaft-unheimlichen Gestalt des Inquisitors im *Galilei* hat wohl Schillers Zeichnung des Großinquisitors im *Don Karlos* Pate gestanden (vgl. S. 114 dieses Bands).

Die Meisterwerke Brechts entstanden während der Zeit des Exils: *Der gute Mensch von Sezuan* (1939/40), die 1939 begonnene *Mutter Courage und ihre Kinder, Herr Puntila und sein Knecht Matti* (1940), *Der kaukasische Kreidekreis* (1944) und schließlich, zwischen 1938 und 1956, eben *Leben des Galilei.*

Während der Arbeit an diesen Stücken entwickelte Brecht eine Fülle von Methoden und Tricks der Verfremdung und des Illusionsbruchs, der Spielunterbrechung durch Montagetechnik, Songs, Erzähler und Kommentatoren an der Rampe und insgesamt der Aufrüttelung des Zuschauers, der sich nicht hinreißen lassen und in den Fluss eines als zwingend empfundenen Handlungsverlaufs eintauchen, sondern die auf der Bühne dargestellten Vorgänge als Demonstration begreifen soll; so wurde die Theorie des *epischen Theaters* ausgeformt. Epische Literatur erzählt. Brecht zieht als Vermittler zwischen Spiel und Zuschauer den Erzähler auf die Bühne und weist ihm die Aufgabe zu, auf die Gleichnis- und Parabelhaftigkeit des Spielgeschehens hinzudeuten.

Das traditionelle Theater verurteilte Brecht pauschal als Einfühlungstheater, bei dem der Zuschauer sein eigenes Ich und seine Wirklichkeitserfahrungen an der Garderobe abgegeben habe, um für zwei Stunden in die dargestellten Rollen zu schlüpfen. Der Zuschauer solle aber aufhorchen und staunen, statt sich selbst zu vergessen; er solle mehr mit dem Kopf als mit dem Herzen mitgehen und nicht zur Identifikation mit einem Helden eingeladen werden, sondern zur Kritik. Statt des »ewig Menschlichen« *(Faust)* und eines schicksalhaften Geschehens sollten ihm Konstellationen zwischen Menschen und deren historische Bedingtheit und Veränderbarkeit gezeigt werden.

Zusammengefasst fand Brecht die Theorie des traditionellen Theaters in der *Poetik* des griechischen Philosophen Aristoteles. Indem er vom »aristotelischen Theater« sprach, prägte er die Formel für all das, was er nicht wollte. Er erhob den nicht eben bescheidenen Anspruch, mit dem »epischen Theater« eine neue Epoche einzuleiten und zweieinhalbtausend Jahre europäischer Dramatik auszumustern (vgl. Mittenzwei I, S. 424).

Mit dem epischen Theater veränderte sich auch die Aufgabe des Schauspielers, der nicht länger eine Figur verkörpern, sondern sie mit innerem Abstand zu ihr lediglich zeigen, vorführen sollte. Er kann aus seiner Rolle treten und das Spiel kommentieren. Es änderten sich Bühnenraum und Ausstattung. Die Requisiten sollten karg sein und jederzeit als Requisit und Theaterkulisse erkennbar bleiben. Eine Tür behält ihre Funktion, auch wenn der Türrahmen, durch den einer auf- und abtritt, frei auf der Bühne steht. Berühmt wurde die von Caspar Neher entworfene »Brecht-Gardine«: ein Halbvorhang, über dem man sieht, wie auf der Bühne umgebaut wird. Auf den Vorhang wurden bald Sprüche und Inhaltszusammenfassungen projiziert, wie sie etwa den Bildern des *Galilei* vorangestellt sind.

Mit zunehmendem Alter lockerte sich Brechts Verhältnis zu seinen eigenen Regeln. Im *Kleinen Organon für das Theater* (1948) stellt er manche früheren Grundsätze wieder infrage und warnt vor einem »Katheder-Theater«, in dem die Lehre dominiert. Wichtig war ihm immer, dass Menschengestaltung und Fabel nicht durch ein Übermaß an Theorie und Lehre geschmälert würden. Die Fabel, das Geschehen, ist dabei nicht einfach ein Abbild der Wirklichkeit, sondern die vom Dichter »zurechtgemachte« Wirklichkeit. Ebenso sind die Figuren nicht einfach Abklatsch von realen Menschen, sondern auch sie sind »zurechtgemacht und nach Ideen geformt« (BW, Band 16, S. 704). In gewissem Sinn machte Brecht nach dem Krieg seinen Frieden mit der alten, auf die *Ars poetica* des Horaz (65–8 v. Chr.) zurückgehende Formel des *delectare et prodesse* – also der Forderung, dass Kunst ebenso vergnüglich wie nützlich sein solle –, indem er das Kritische nun aus-

---

Widerrufen wir also, wohl zum allgemeinen Bedauern, unsere Absicht, aus dem Reich des Wohlgefälligen zu emigrieren, und bekunden wir, zu noch allgemeinerem Bedauern, nunmehr die Absicht, uns in diesem Reich niederzulassen. Behandeln wir das Theater als eine Stätte der Unterhaltung, wie es sich in einer Ästhetik gehört, und untersuchen wir, welche Art der Unterhaltung uns zusagt!

Bertolt Brecht im »Kleinen Organon« (Ges. Werke, Band 16, S. 662 f.)

---

drücklich mit dem Kulinarischen (dem Sinnlich-Unterhaltsamen) verbunden sehen wollte. Er räumte damit ein, dass Gefühl und Ratio nicht Gegensätze sein müssen, sondern sich ergänzen können.

Ab 1933 waren Brecht und seine jüdische Frau in Deutschland bedroht. Am Tag des Reichstagsbrands, am 28. Februar 1933, verließ er – aus dem Krankenhausbett heraus – fluchtartig Berlin. Er ging, wie viele Emigranten, über Prag, Wien und Zürich zunächst nach Paris. Am 10. Mai 1933, dem Tag der Bücherverbrennung, brannten auch seine Werke. Im Juni 1935 wurde ihm die deutsche Staatsbürgerschaft aberkannt.

Brecht erhielt eine Einladung nach Dänemark und kaufte ein Haus bei Svendborg auf der Insel Fünen. Er wollte der deutschen Grenze nahe bleiben und die ihm unentbehrlichen Kontakte halten. Er hoffte, bald zurückkehren zu können. Angesichts der drohenden Kriegsgefahr wich er 1939 aber nach Schweden aus, floh, als die deutschen Truppen 1940 Dänemark und Norwegen besetzten, weiter nach Finnland, reiste im Sommer 1941 mit seiner Familie durch die UdSSR nach Wladiwostok und schiffte sich dort für die Überfahrt in die USA ein.

Die UdSSR selbst kam für Brecht als Zufluchtsort nicht in Betracht, obwohl er als Marxist ihre Entwicklung noch unter Stalin und während der Zeit der Stalinistischen Schauprozesse als fortschrittlich verteidigte. Deutsche Freunde und Genossen verschwanden seit 1936 in russischen Lagern oder wurden liquidiert. Brecht forschte nach, bemühte sich um Kontakte bis hinauf in Stalins Vorzimmer, um unter anderem Carola Neher zu retten. Während aber ein Teil der deutschen Linken die Entgleisung des Projekts Sowjetunion in die Diktatur erkannte, mochte Brecht nicht ausschließen, dass Trotzkisten und die verurteilten früheren Mitarbeiter Lenins sich der Spionage und der heimlichen Kollaboration mit den Faschisten schuldig gemacht haben und zu Recht verurteilt worden sein könnten. Weniger verblendet erkannte er, dass die sozialistische Kulturpolitik seine Arbeit mit Misstrauen betrachtet und ihr kein öffentliches Forum geboten hätte.

Trotz der zahlreichen und teils provisorischen Stationen des Exils – »öfter als die Schuhe die Länder wechselnd« (BW, Band 9, S. 725) – war Brecht in diesen Jahren besonders produktiv: als Lyriker, als Erfinder der *Keuner*-Geschichten, mit gezielt antifaschistischen Stücken *(Furcht und Elend des Dritten Reiches, Die Gewehre der Frau Carrar, Der aufhaltsame Aufstieg des Arturo Ui)* und mit seinen großen Dramen.

Amerika war für den Stückeschreiber Brecht kein Glück. Es lähmte ihn. Den Amerikanern fehlte der Sinn für seine Stücke und seine dramaturgischen Vorstellungen. Brecht bemühte sich, beim Film Fuß zu fassen, aber alle Anläufe zur Zusammenarbeit mit Hollywood-Produzenten scheiterten. Zusammen mit Kurt Weill brachte er immerhin eine Version des listigen Kleinbürgers und Soldaten Schweyk auf die Bühne, und er schrieb den *Kaukasischen Kreidekreis*. Freude bereitete ihm die – sonst in den Jahren des amerikanischen Exils vielfach vermisste – Zusammenarbeit mit dem Schauspieler Charles Laughton, mit dem er eine amerikanische Fassung des *Galilei* herstellte. Laughton verkörperte den Typus des kraftstrotzenden, sinnlich-sensiblen Genussmenschen, dem seit jeher die Sympathie des mageren Brecht galt.

Als Amerika dem nationalsozialistischen Deutschland den Krieg erklärte – Brecht merkte an, dass Hitler keine Kleinigkeit sein könne, wenn sich der US-Senat den Krieg 40 Milliarden Dollar kosten lasse –, mischte sich in die Hoffnung vieler Emigranten auch Sorge. Brecht sehnte die Vernichtung der Nationalsozialisten herbei und fürchtete zugleich die Vernichtung Deutschlands. Er widersprach der These Thomas Manns

Bertolt Brecht (1898 bis 1956). Porträtaufnahme von 1951.

von der Kollektivschuld der Deutschen. »Die SS auf dem Genick« und »ökonomisch unter dem Stiefel der Besitzenden« sei die deutsche Bevölkerung zur Anpassung gezwungen (nach Jaretzky, S. 123).

Mit Eintritt der Vereinigten Staaten in den Zweiten Weltkrieg begann das FBI, deutsche Emigranten zu überwachen. Amerika fürchtete sich vor kommunistischer Unterwanderung. Nach 1945 setzten die US-Behörden einen Ausschuss zur Bekämpfung »unamerikanischer Umtriebe« ein. Am 30. Oktober 1947 wurde auch Brecht vorgeladen. Er verhielt sich ängstlich und seinem Galilei nicht unähnlich. Auch er war kein Held. Mit List und Geschicklichkeit entging er einer Anklage, aber er verleugnete seine marxistischen Überzeugungen. Hinterher verließ er den unter seinen Füßen heiß gewordenen Boden des Gastlandes so schnell wie möglich:

Am 31. Oktober landete er in Paris. In Zürich erwartete er seine Familie; daneben sondierte er die Lage, nahm Kontakt zu Ost-Berlin auf und bereitete sich auf einen Neubeginn unter veränderten Bedingungen vor.

Brecht war als Staatenloser mit amerikanischen Papieren nach Europa zurückgekehrt. Als Wohnsitz wählte er die sowjetische Besatzungszone, um dort am Aufbau des Sozialismus mitzuwirken. Der Westen kam für ihn schon deshalb nicht infrage, weil jeder Ausweis den Genehmigungsstempel aller vier alliierten Besatzungsmächte enthalten musste, die Amerikaner Brecht aber seit seiner Flucht aus den USA sogar die Durchreise durch ihre Zone verweigerten. Dank seines Beziehungsnetzwerks gelang es Brecht 1950, einen österreichischen Pass zu erhalten. Empört sprach die österreichische Presse vom »Edelmarder Brecht«, der sich in den »Salzburger Hühnerhof« eingeschlichen habe. Wien beschloss einen Brecht-Boykott.

In den letzten sechs Lebensjahren erlebte Brecht seine größten Triumphe und die Erfüllung seines Wunsches nach einem eigenen Theater und Ensemble. Nie hat ein Land einem Dramatiker solche Bedingungen geboten. Etwa sechzig Schauspieler und eine Gesamtbelegschaft von mehr als zweihundertfünfzig Menschen – Darsteller, Bühnenbildner, Regisseure, Dramaturgen, Techniker, Beleuchter und Handwerker – standen Brecht nun zur Verfügung (Esslin, S. 143 f.). 1954 konnte das *Berliner Ensemble* ins Theater am Schiffbauerdamm einziehen. Die Premieren von *Mutter Courage und ihre Kinder* (am Deutschen Theater) und *Herr Puntila und sein Knecht Matti* (im eigenen Haus) galten als die herausragenden Theaterereignisse der Nachkriegszeit und begründeten Brechts Weltruhm. Er war um diese Zeit der prominenteste und einflussreichste Künstler der DDR.

Was ihn trotz seiner ungebrochenen Loyalität zum Sozialismus erschöpfte, war die politische und besonders die kulturpolitische Entwicklung der DDR und ihre Versuche, die Kunst ideologisch auf Kurs zu bringen und zum Werkzeug der Partei zu machen. Brecht hatte Einfluss in allen einschlägigen Gremien; dennoch musste auch er sich den Vorwurf gefallen lassen, ein Formalist zu sein oder die Rolle der Partei nicht hinreichend zu würdigen. Die Rechte an seinem Werk übertrug er klug dem Suhrkamp Verlag in Frankfurt am Main, um sich Ärger mit den Zensur-Behörden der DDR zu ersparen und über Westgeld zu verfügen. Er beobachtete, wie die Lebensbedingungen der »Werktätigen«, der Arbeiter, sich verschlechterten und die Verbindung zwischen Regierung und Bevölkerung im »Arbeiter- und Bauernstaat« immer brüchiger wurde. Er fand, statt Widersprüche aufzudecken und zu kommunizieren – so sein Verständnis von »kritischem Marxismus« –, werde dem Volk der Sozialismus verordnet wie Medizin.

Weithin sichtbar wurde die innere Krise des Systems am 17. Juni 1953. Aus der Demonstration der Bauarbeiter der Stalinallee gegen die beschlossene Normerhöhung (die Erhöhung der Arbeitsleistung zur Steigerung der Produktivität) wurde ein Volksaufstand gegen die Regierung, die am Mittag die Sowjetmacht zu Hilfe rief, woraufhin russische Panzer anrollten. An diesem Tag überlegte der stets parteilose Brecht in die SED einzutreten, weil er bei den Aufständischen faschistische Parolen und Tendenzen zu erkennen glaubte. Er schickte eine Solidaritätsbekundung an Walter Ulbricht, drängte aber zugleich die Regierung, nun die dringlichen Kursänderungen einzuleiten. In sein Arbeitstagebuch notierte er: »Der 17. juni hat die ganze existenz verfremdet.« In seine meisterlich knappen letzten Gedichte, die *Buckower Elegien*, sind manche dieser bedrückenden Gedanken eingegangen.

Bertolt Brecht

Die Lösung

Nach dem Aufstand des 17. Juni
Ließ der Sekretär des Schriftstellerverbands
In der Stalinallee Flugblätter verteilen
Auf denen zu lesen war, daß das Volk
Das Vertrauen der Regierung verscherzt habe
Und es nur durch doppelte Arbeit
Zurückerobern könne. Wäre es da
Nicht doch einfacher, die Regierung
Löste das Volk auf und
Wählte ein anderes?

Bertolt Brecht: Gesammelte Werke. Band 10, S. 1009 f.

Brechts Dramen wurden inzwischen in Paris, Mailand und auch in Westdeutschland aufgeführt. Politisch setzte sich der Autor zusammen mit dem neuen DDR-Kulturminister Johannes R. Becher für den Dialog zwischen Ost und West und ein geeintes Deutschland ein. Sein letztes dramatisches Projekt war die Umarbeitung und Einstudierung seines *Galilei* im Theater am Schiffbauerdamm. Aber Brecht erkrankte im Mai 1956 an einer Virusinfektion, die ihn sehr schwächte. Er musste die Regie in andere Hände legen. Eine Kur war geplant. Doch am 14. August 1956 erlag Brecht einem Herzinfarkt. Für den Fall seines Todes hatte er verfügt: »[Ich möchte] nirgends aufgebahrt und öffentlich ausgestellt werden. Am Grab soll nicht gesprochen werden. Beerdigt werden möchte ich auf dem Friedhof neben dem Haus, in dem ich wohne, in der Chausseestraße.« (Nach Jaretzky, S. 142) Von Brechts Grab aus kann man das Fenster des Zimmers sehen, in dem er gearbeitet hat.

2 Zeitgeschichtlicher Hintergrund

Brechts Vorlage: Der historische Galileo Galilei

Wie viele Dramatiker vor ihm griff Brecht mit dem Plan zum *Galilei* auf eine historische Persönlichkeit und ihre Zeit zurück. Jedoch ging es ihm nicht darum, Geschichte lediglich zu illustrieren. Vielmehr verfolgte er die Absicht, die Gegenwart geschichtlich zu verfremden, um sie kenntlich zu machen: Er *historisierte* die Gegenwart.

Die den 15 Bildern des Stücks chronikartig vorangestellten Daten zu Stationen im Leben Galileis sind historisch insgesamt korrekt, und auch bei den dargestellten Wendepunkten im Leben Galileis, also den wissenschaftlichen wie den politischen Fakten, hielt sich Brecht im Wesentlichen an die Überlieferung. Als Dramatiker musste er das vorgefundene Material aber verdichten und pointieren. Entsprechend fügte er erfundene Figuren hinzu, die ihm für seine Absichten notwendig erschienen (Andrea, den kleinen Mönch, Ludovico), erfand Dialoge und verlieh den Personen, sofern er nicht Zitate verwendete, seine dichterische Sprache. Frei erfunden sind vor allem die Bilder 1, 8, 9, 14 und 15; alle anderen sind nah an den historischen Ereignissen oder nehmen Bezug darauf. Der entscheidende Eingriff ist der Anachronismus, mit dem Brecht dem historischen Galilei und seinen Zeitgenossen gesellschaftspolitische Perspektiven unterschiebt, die noch nicht im Horizont des 17. Jahrhunderts lagen. Diese Umzeichnung führt zu einer Neubewertung von Galileis Widerruf. Die historische Gestalt wird in den Händen des Stückeschreibers zur Spielfigur im eigenen Welttheater.

Galileis Leben (1564–1642) fällt in ein Zeitalter, in dem die empirische Naturforschung ihren Anfang nahm und rasch zu bahnbrechenden Entdeckungen und Erfindungen führte.

Neue Erkenntnisse gerieten dabei in Widerspruch zu der traditionellen, an Aristoteles orientierten Naturphilosophie und einer Theologie, die den Wissenschaften die untergeordnete Rolle einer *ancilla*, einer Magd, zuwies. Ihr Prinzip des *Nihil nisi Aristoteles* besagte, dass jede mit den Schriften des Aristoteles unvereinbare Lehre als Irrtum zu behandeln sei.

Die Kontroverse zwischen Wissenschaft und Theologie verschärfte sich durch das Ereignis der Reformation, das dem 16. Jahrhundert seinen Stempel aufdrückte. Viele Länder im Norden Europas waren protestantisch geworden. Die katholische Liga führte einen erbitterten Kampf um die Rückgewinnung verlorenen Terrains: In dieser Epoche der Gegenreformation (vgl. Bild 12 des *Galilei*) hatte die Inquisition mit ihrer obersten Behörde, dem Heiligen Offizium, den Auftrag, die Reinerhaltung der katholischen Lehre zu überwachen und mit den Mitteln der Zensur, des Index (der Liste verbotener Bücher) und der Ketzerverfolgung zu sichern.

Im Norden Europas war hundert Jahre zuvor der Domherr Nikolaus Kopernikus (1473–1543) durch genaue mathematische Berechnungen zu dem Ergebnis gelangt, dass die Ordnung des Universums nicht geozentrisch, sondern heliozentrisch sei, die Sonne sich also nicht um die Erde, sondern die Erde sich um die Sonne drehe. Sein Hauptwerk *De revolutionibus orbium coelestium* (Über die Umdrehungen der Himmelskörper) erschien erst kurz nach seinem Tod (1543). Es leitete die sogenannte kopernikanische Wende ein, die bis dahin größte geistige Revolution in den Köpfen des Abendlandes, vergleichbar nur mit Darwins Entdeckung der evolutionären Entstehung der Arten (1859). Wenig später fand in Italien der Dominikaner und Naturphilosoph Giordano Bruno (geb. 1548) zu der im Gegensatz zu dem allgemein anerkannten ptolemäischen Weltbild stehenden Überzeugung, dass Gott

Nikolaus Kopernikus (1473 bis 1543). Zeitgenössisches Gemälde.

das All und das All unendlich sei und in ihm – von inneren Kräften bewegt – zahllose Sonnen mit ihren Planeten kreisen. Bruno wurde von der Inquisition verhaftet und nach Jahren der Kerkerhaft am 12. Februar 1600 in Rom öffentlich auf dem Scheiterhaufen verbrannt.

Galileo Galilei erkannte durch die Kombination mathematischer Berechnungen und induktiv-empirischer Forschungen die Fallgesetze und arbeitete die Lehre von der Mechanik, von der Bewegung der Körper, aus. Indem er die Impulse, die von der zeitgenössischen Astronomie ausgingen, auf die Mechanik übertrug, überwand er die halb spekulativen, abstrakt-mathematischen Forschungsmethoden des Kopernikus. Er fand Beweise gegen das ptolemäische Weltbild und stützte sie mithilfe der Gesetze der Mechanik.

Galileo Galilei wurde 1564 als Sohn einer Patrizierfamilie in Pisa geboren. Die Kindheit verbrachte er in Florenz. Zum Studium ging er nach Pisa. Später wurde er erst dort, dann in Padua Professor für Mathematik. Der Legende nach leitete er aus dem leichten Schwingen des Kronleuchters im Dom zu Pisa das Gesetz der Pendelbewegung ab; er experimentierte zu Fragen des spezifischen Gewichts; 1593 erfand er eine Maschine zum Heben von Wasser. 1597 folgte die Erfindung des Proportionalzirkels. In diesem Jahr verständigten sich Galilei und der deutsche Astronom Johannes Kepler brieflich über ihre Zustimmung zu den Lehren des Kopernikus. »Sei guten Mutes, Galilei, und trete hervor!«, ermutigte ihn Kepler.

Aus der Lebensgemeinschaft mit Marina Gamba wurden Galilei die Töchter Virginia und Livia und der Sohn Vincenzio geboren. Die Töchter gingen später beide ins Kloster.

Galilei unterwies den Erbprinzen von Toscana, Cosimo da' Medici (bei Brecht: Cosmo de Medici) in Mathematik und hielt sich oft in Florenz auf. Er machte den Mechaniker Marcantonio Mazzoleni (bei Brecht: Federzoni) zu seinem engen Mitarbeiter und betrieb bald in seinem weiträumigen Haus eine eigene Werkstatt. Als er 1609 erfuhr, dass in Holland ein Brillenmacher zwei Linsen zu einem einfachen Fernrohr verbunden hatte, setzte er alles daran, in den Werkstätten der Insel Murano bei Venedig geeignete Linsen schleifen zu lassen. Er schaltete durch die Hinzufügung einer Blende Fehler aus und konstruierte ein sechsfach vergrößerndes Rohr, das er in seinem Haus später mehrfach nachbaute.

Im 16. und 17. Jahrhundert boten Erfinder ihre Dienste der jeweiligen Obrigkeit an und hatten keine Skrupel, die Eignung ihrer Erfindungen für die Kriegsführung hervorzuheben. Galilei schenkte sein Fernrohr der Signoria (dem Rat) von Venedig. Fürsten und Könige verlangten schon im nächsten Jahr Qualitätsgläser aus Galileis Betrieb.

Galileo Galilei (1564 bis 1642). Gemälde von Justus Sustermans. Uffizien, Florenz.

Zur Sternstunde wurde der Augenblick im Jahr 1609, als Galilei sein Teleskop, nun eines mit zwanzigfacher Vergrößerung, in den Himmel richtete. Dieses Jahr wurde das »Jahr der Entdeckungen« (Padova, S. 34). Galilei sah, was noch kein Mensch gesehen hatte: Oberflächenstruktur und Lichteinfall auf dem Mond, die Sternenhaufen der Milchstraße und – zwischen Januar und März 1610 – vier Jupitertrabanten, die er die »Mediciischen Gestirne« taufte und seinem Schüler Cosimo widmete. Der entscheidende Schritt war die Entdeckung, dass nicht etwa der Jupiter mit seiner Bahn die kleinen Sterne in seiner Nähe zeitweilig verdeckt, sondern dass diese Sterne ihn umkreisen. Damit war nachgewiesen, dass nicht allein die Erde von anderen Gestirnen umkreist wird. Die Veröffentlichung dieser Einsichten in der Schrift *Sidereus Nuntius* (Sternenbote) noch im selben Jahr war eine Sensation erster Ordnung (vgl. Hemleben, S. 46).

Galilei war nicht arm (wie bei Brecht). Sein Professorengehalt war zwar anfangs gering und er musste zahlreiche Privatschüler unterrichten, die mit ihren Dienern in seinem Haus wohnten, sodass es darin lebhaft zuging. Aber seine Erfindungen machten ihn zu einem vermögenden Mann. Er verschmähte es (anders als bei Brecht) nicht, sein Wissen zu vermarkten. Indem er italienisch schrieb, ließ es sich besser an den Mann bringen (vgl. Schumacher, S. 63). Galileis Häuser in und bei Florenz sowie in Venedig waren stattliche Palazzi. Ungestörte Zeit zum Forschen erhielt er – zusammen mit einem Jahresgehalt von 1000 Florentinischen Scudi – ab 1610 in Florenz. Dort wurde er zum »Ersten Mathematiker und Philosophen des Großherzogs von Toscana« ernannt. Sein Nachweis, dass auch die Venus ein Mond ist, der sein Licht von der Sonne erhält und die Sonne umläuft, erschütterte die Fachwelt erneut. Man folgerte nun, dass sich alle Planeten, die Erde eingeschlossen, um die Sonne drehen. (Der definitive Beweis für die Bewegung der Erde um die Sonne konnte allerdings, dank verbesserter Teleskope, erst 1728 durch den Engländer James Bradley erbracht werden.) Die Philosophen (die Peripatetiker, das heißt die Anhänger des Aristoteles, und unter ihnen ein gewisser Ludovico delle Colombe) bekämpften allerdings von nun an vehement Galileis Einsichten.

Während eines Rom-Aufenthalts im Jahr 1611 knüpfte Galilei freundschaftliche Beziehungen zu Kardinal Maffeo Barberini an, dem späteren Papst Urban VIII., und wich auch nicht einer Begegnung mit Kardinal Bellarmin aus, der als Kopf des Inquisitionsgerichts am Prozess gegen Giordano Bruno beteiligt gewesen war. Bellarmin forderte vom Collegium Romanum (einer 1551 gegründeten Jesuitenschule; heute die päpstliche Universität in Rom) ein Gutachten über Galileis Behauptungen an. Die Kommission unter Leitung von Christopher Clavius bestätigte Galileis Ergebnisse. Galilei fasste daraufhin so viel Vertrauen zu Clavius, dass er ihm als Erstem von den Phasen der Venus Mitteilung machte.

1613 veröffentlichte Galilei seine Erkenntnisse zur Frage der Sonnenflecken, 1616 folgten der *Diskurs über Ebbe und Flut* und Briefe zur Verteidigung des kopernikanischen Systems. Galilei empfing hohe Ehrungen und Titel. Barberini setzte sich für ihn ein. Er lobte und bewunderte ihn und verfasste ein Traktat zu seinen Ehren. Briefe an Galilei unterschrieb er mit *come fratello* – »wie ein Bruder« (nach Padova, S. 297).

Auf der anderen Seite begann bereits 1612 die Hetze gegen Galilei, als der Dominikaner Lorini in Florenz von der Kanzel herab gegen ihn predigte. Sein Ordensbruder Caccini legte 1614 nach, indem er die Mathematik überhaupt als Teufelskunst und Ursprung der Ketzerei angriff. 1615 denunzierte Lorini Galilei bei der Inquisition. 1616 wurde Galilei in Rom »ermahnt«; mit gleichem Dekret wurde Kopernikus nachträglich zum Ketzer erklärt und sein Hauptwerk auf den Index der verbotenen Bücher gesetzt (wo es bis 1835 verblieb). Giovanni Antonio Roffeni (bei Brecht Vanni) riet Galilei, sich nach Bologna abzusetzen; auch Venedig bot dem Forscher Zuflucht; der aber unterschätzte die Gefahr und blieb in Florenz.

1623 wurde Barberini als Urban VIII. zum Papst gewählt. Sieben Jahre später erwirkte Galilei während eines Aufenthalts in Rom von ihm persönlich die Druckgenehmigung für seinen in der Landessprache verfassten *Dialogo* (Dialog über das ptolemäische und kopernikanische Weltbild), der aber aufgrund einer Pestepidemie (vgl. Bild 5 von Brechts Stück) erst 1632 herauskam. Überraschend wurde der Verkauf unterbunden und das Werk kam auf den Index. Urban VIII. hatte – vermutlich unter politischem Druck – Galilei der Inquisition preisgegeben. Diese zwang den schwer erkrankten Forscher, sich gegen den Rat der Ärzte nach Rom zu begeben. Nach vier Verhören durch das Inquisitionstribunal und der

Androhung der Folter widerrief Galilei am 22. Juni 1633 seine Schriften. Der Wortlaut des Schwurs wurde zusammen mit dem Urteilsspruch der Inquisition öffentlich bekannt gemacht. (Das Kernstück aus dem authentischen Widerruf hat Brecht in Bild 13 zitiert.) Da sich Galilei allerdings seit mehr als zwei Jahrzehnten in Wort und Schrift für Kopernikus eingesetzt hatte, erkannte die Fachwelt ohne Zweifel, dass es sich bei seinem Widerruf um eine Notlüge handelte, die unter dem Druck eines drohenden Todesurteils zustande gekommen war. Schumacher urteilt: »Galilei zog sich aus einer hoffnungslosen Situation zurück und führte den Kampf dann weiter.« (Schumacher, S. 168)

Dank der Intervention des Großherzogs von Toscana, des Nachfolgers von Cosimo, kam Galilei frei und durfte künftig in seinem Landhaus Arcetri bei Florenz in Hausarrest wohnen. Lehrtätigkeit, wissenschaftliche Kontakte und das Betreten von Florenz waren ihm verboten, aber er wurde nicht (wie Brecht es darstellt) bewacht; im Gegenteil genehmigte man ihm Assistenten zur Fortsetzung der wissenschaftlichen Arbeit.

Gleich 1633, unmittelbar nach dem Widerruf, nutzte Galilei Kontakte zu Diplomaten, um den *Dialogo* heimlich nach Prag zu schleusen und damit der damaligen wissenschaftlichen Welt außerhalb Italiens zugänglich zu machen. Diese Genugtuung verlieh dem fast erblindeten Mann die Kraft zur Abfassung der *Discorsi,* in denen er die Hauptelemente seiner Lehre zur Mechanik und Dynamik bündelte und damit den Grundstein für eine neue Physik legte. Galilei fasste den Naturprozess im Universum und auf der Erde als einheitliches gesetzmäßiges Geschehen auf; in Übereinstimmung mit dem historischen Galilei lässt Brecht also seine Figur sagen: »Wir können nicht Maschinerien für das Hochpumpen von Fluß-

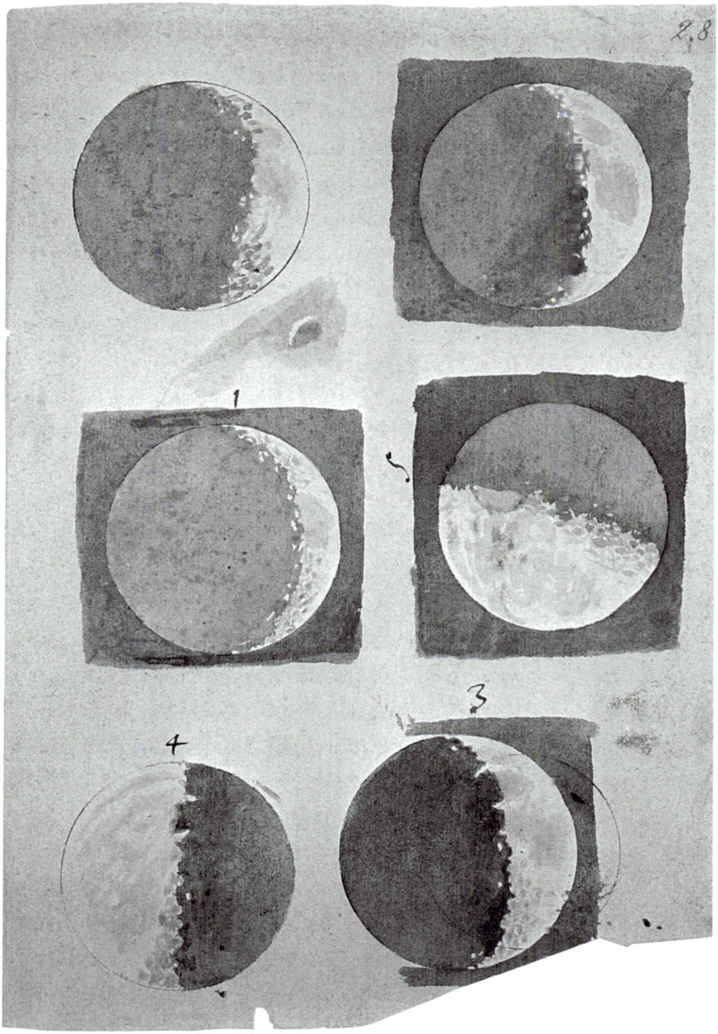

Mondphasen. Tuschezeichnungen von Galileo Galilei, 1610.

wasser erfinden, wenn wir die größte Maschinerie, die uns vor Augen liegt, die der Himmelskörper, nicht studieren sollen.« (Bild 8, S. 80)

Galileo Galilei starb am 8. Januar 1642. Erst in den Jahren 1992 und 2008 wurde er von den Päpsten Johannes Paul II. und Benedikt XVI. rehabilitiert. Eine Forschungssonde im All trägt den Namen Galileo. 400 Jahre nach dem »Jahr der Entdeckungen« hat die Unesco Galilei zu Ehren das Jahr 2009 zum »Jahr der Astronomie« ausgerufen. Die Stadt Florenz feiert ihren großen Bürger 2009 mit einer Ausstellung.

3 Entstehungsgeschichte

Der Plan für ein Bühnenstück zum Leben des Galileo Galilei beschäftigte Bertolt Brecht seit den frühen Dreißigerjahren. Wie alle Dramatiker war er zum einen an den großen Gerichtsverhandlungen der Weltgeschichte interessiert. Gerichtsszenen sind an sich dramatisch durch den Streit der Parteien, den Prozess der Aufklärung eines Falls und die damit verbundene Frage nach Wahrheit und Gerechtigkeit. Zum anderen erschien es Brecht interessant, das Leben großer Wissenschaftler zu dramatisieren. Er war sich sicher, dass diese Thematik »Kinder eines wissenschaftlichen Zeitalters« (BW, Band 16, S. 671) etwas angehe.

1933, genau 300 Jahre nach Galileis Widerruf, ging Brecht ins Exil. Er war über die Vorgänge in Deutschland gut informiert und entzog Freunden, die in Deutschland in der »inneren Emigration« lebten, nicht seine Achtung. List und Verstellung hielt er für legitime Überlebensstrategien in Diktaturen. In der Sowjetunion begannen 1936 die Schauprozesse. Manche der Angeklagten widerriefen und unterwarfen sich nach außen hin der Anklage, um sich zu retten. Brecht reagierte mit dem Text *Fünf Schwierigkeiten beim Schreiben der Wahrheit* in einem totalitären Regime (1934/35; BW, Band 22, S. 74). Er weist gedanklich ebenso auf das *Galilei*-Projekt voraus wie die Keuner-Geschichte *Maßnahmen gegen die Gewalt*, in der der Feind das Haus von Herrn K. besetzt und diesen fragt, ob er ihm dienen werde. K. antwortet nicht, aber er tut alles, was ihm befohlen wird. Als aber der Feind stirbt, sagt er: »Nein!« (BW, Band 12, S. 375). Die Frage nach dem klügsten Verhalten unter repressiver Herrschaft bildet Brechts drittes Motiv zur Bearbeitung des Galilei-Stoffs.

In einem ersten Entwurf, dem »Ur-Galilei«, ist der Wissenschaftler positiv dargestellt. Er ist der kluge Widerstandskämpfer gegen die Obrigkeit, der konspirativ mit dem Volk zusammenarbeitet. Als 1938/39 auf einen inneren Widerstand in Deutschland nicht mehr zu hoffen war, verlagerte Brecht den Akzent. Nun ging es ihm, statt um den Widerstand, nur noch um die »Schlauheit des Überlebens« (Knopf, S. 159) in finsteren Zeiten. Innerhalb von drei Wochen schrieb er im Winter 1938/39 die erste oder dänische Fassung des *Galilei* nieder, die in leicht abgewandelter Form die oben erwähnte Keuner-Geschichte (als »Keunos-Geschichte«) enthält; allerdings antwortet nun Andrea, dem Galilei sie erzählt: »Mir gefällt die Geschichte nicht, Herr Galilei.« (Spectaculum, S. 85) Aus dem Helden wird eine zwiespältige Figur.

Während Brecht an der dänischen Fassung des *Galilei* arbeitete, gelang dem deutschen Physiker Otto Hahn zusammen mit Fritz Strassmann im Dezember 1938 in Berlin die Spaltung des Atoms. Sofort informierte er – an deutschen Behörden vorbei – seine nach Schweden emigrierte Mitarbeiterin Lise Meitner. Er betrachtete dies als den besten Schutz gegen einen Missbrauch der neuen Technik durch eine einzelne Nation.

Brecht erfuhr erst im Frühjahr 1939, nach Fertigstellung des *Galilei*, aus dem Radio von Hahns Entdeckung. Er schrieb also nicht unter deren Eindruck. Er begrüßte sie als ungeheuren wissenschaftlichen Fortschritt und schöpfte daraus die Hoffnung, dass trotz der gegenwärtigen Verhältnisse in Deutschland die Vernunft nicht am Ende sei. In Galileis Rede im Schlussgespräch mit Andrea fügte er nachträglich eine Passage ein, von der er später nur die Warnung stehen ließ:

> Der Einbruch des Lichts erfolgt in die allertiefste Dunkelheit. Während an einigen Orten die allergrößten Entdeckungen gemacht werden, welche die Glücksgüter der Menschen unermeßlich vermehren müssen, liegen sehr große Teile dieser Welt ganz im Dunkel. Die Finsternis hat dort sogar noch zugenommen! Nimm dich in acht, wenn du durch Deutschland fährst und die Wahrheit unter dem Rock trägst. (Spectaculum, S. 116)

In Kalifornien arbeitete Brecht zusammen mit Charles Laughton an einer amerikanischen Neufassung seines *Galilei,* als am 6. und 9. August 1945 die amerikanischen Atombomben über Hiroshima und Nagasaki abgeworfen wurden. Durch diese Katastrophe trat die Frage nach der sozialen und politischen Verantwortung des Physikers in den Vordergrund. Brecht notierte: »Es war schimpflich geworden, etwas zu entdecken.« (BW, Band 17, S. 1108) Er strich nun die Keuner- bzw. Keunos-Geschichte, nahm also die Rechtfertigung Galileis zurück. Der Fall Galilei wurde zur Parabel auf die Atomwissenschaft, die sich in den Dienst der Kriegsmacht Amerika gestellt hatte. Das gesellschaftliche Spektrum wurde erweitert: Die Rollen Ludovicos als Vertreter des Feudalismus, Federzonis als Mann aus dem Volk und Vannis als Vertreter der fortschrittlichen Städte wurden neu eingefügt bzw. stärker

Der Atompilz über Nagasaki am 9. August 1945.

profiliert. Die Gespräche zur Lage der Bauern (Bild 8 und 9) wurden erweitert. Die Pest-Szene (Bild 5) und die Papst-Szene (Bild 12) entfielen; ebenso die Schlussszene (Bild 15). Die dänische Fassung hatte den vorläufigen Sieg der Obrigkeit vorgeführt, den Zuschauer aber mit einem optimistischen Blick in eine künftige »neue Zeit« entlassen; dieser Optimismus war Brecht nun vergangen. Galileis Widerruf bewirkt nicht mehr nur seine persönliche Demontage als Held, sondern sein Fall wird zum »Sündenfall« der modernen Naturwissenschaft überhaupt (BW, Band 17, S. 1109).

1954 erschütterte »der Fall Oppenheimer« die Welt. Die USA forderte von ihren Wissenschaftlern, sich im Kalten Krieg als »tool of war« uneingeschränkt in den Dienst der Sicherheitsinteressen des Landes zu stellen. Der aus Deutschland emigrierte Atomwissenschaftler Julius R. Oppenheimer, Direktor des Atomforschungszentrums Los Alamos, äußerte vorsichtig seine Bedenken gegen den Auftrag zum Bau einer Wasserstoff-Bombe. Daraufhin wurde er verdächtigt, ein Agent der Sowjetunion zu sein. Das Verfahren gegen Oppenheimer erschien Brecht als Wiederholung des Prozesses gegen Galilei. So wie Galilei beteuert hatte, ein treuer Sohn seiner Kirche zu sein, beteuerte Oppenheimer, ein guter Demokrat und zuverlässiger Amerikaner zu sein und den Bau der H-Bombe nie wirklich behindert zu haben. Albert Einstein registrierte »neuzeitliche Inquisitionsmethoden« (nach Schumacher, S. 234 ff.). Oppenheimer wurde aller Ämter enthoben und gesellschaftlich geächtet.

Unmittelbar unter dem Eindruck dieser Vorgänge fertigte Brecht eine Rückübersetzung des *Galilei* aus dem Amerikanischen ins Deutsche an. 1955 begann er in Berlin, das Stück mit seinem Ensemble im Theater am Schiffbauerdamm einzustudieren. So entstand die dritte, die »Berliner Fassung«, die 1957 posthum gedruckt wurde und heute als die vom Dichter autorisierte endgültige Fassung Teil der Gesamtausgabe ist. Ursprüngliche Szenen sind wieder eingefügt. Die Tendenz der amerikanischen Fassung jedoch ist darin nicht nur beibehalten, sondern noch einmal drastisch verschärft.

II Inhaltsangabe

Bild 1: Galileo Galilei ist zuversichtlich, am Beginn einer neuen Zeit zu stehen.

Das erste Bild zeigt Galilei in seinem Haus in Padua im Jahr 1609. Er ist 46 Jahre alt, Mathematikprofessor an der Universität Padua und Bürger der Republik Venedig. Epochale Erkenntnisse auf dem Gebiet der Physik, etwa die Formulierung der Fallgesetze, haben ihm europaweit Anerkennung gebracht. Gegenwärtig beschäftigt ihn vor allem die Astronomie.

Es ist früher Morgen. Galilei wäscht sich, Andrea, der zehnjährige Sohn der Haushälterin Frau Sarti, hat ihm Milch und Brötchen gebracht und reibt ihm den Rücken ab. Sie betrachten das Modell des geozentrischen ptolemäischen Weltbildes und sprechen über seine Starrheit. Galilei neigt zu der Annahme des Kopernikus, dass sich die Erde um sich selbst und um die Sonne dreht. Mithilfe eines Stuhls und eines Apfels demonstriert er Andrea, wie das funktionieren könnte. Er setzt dem Glauben den methodischen wissenschaftlichen Zweifel entgegen und sieht einen neuen, frischen Wind durch die verstaubten Lehrgebäude der Theologie, der Philosophie und Astronomie wehen. Das alte Weltbild wird sich seiner Überzeugung nach nicht mehr lange halten können. Aber noch fehlen ihm die Mittel, den unumstößlichen Beweis für die Richtigkeit des neuen Weltbilds zu führen.

Das Thema des leidenschaftlichen Forschers und das Thema der materiellen Lebensgrundlage sind im ersten Bild miteinander verschränkt. Galilei lebt ärmlich. Er hat Schulden. Als der wenig intellektuelle Aristokrat Ludovico Marsili ihn um Privatunterricht bittet, nimmt ihn Galilei auf Drängen von Frau Sarti widerwillig als Schüler an. Ludovico kommt eben aus Holland und berichtet nebenbei von der Erfindung, eine konkav und eine konvex geschliffene Linse zu einem Fernrohr zu verbinden. Galilei horcht auf und schickt Andrea auf der Stelle zum Linsenschleifer.

Am gleichen Morgen sucht auch Signor Priuli, der Kurator (Finanzchef) der Universität Padua, Galilei auf. Galilei fordert die Verdopplung seines Gehalts, um seine Lehrtätigkeit reduzieren zu können und mehr Zeit für die Forschung zu haben. Der Kurator weist Galilei darauf hin, dass die unabhängige Republik vielleicht weniger zahle als andere Staaten in Italien, dafür aber eine relative Freiheit der Forschung gewährleiste, während anderswo die Inquisition der Kirche über die Wissenschaft wache. (Damit ist als drittes Thema die Spannung zwischen Astronomie und kirchlicher Lehrmeinung ins Spiel gebracht.) Der Kurator ermuntert Galilei dazu, sich der Republik weiterhin mit praktischen Erfindungen wie dem von ihm entwickelten Proportionalzirkel nützlich zu machen, da vor allem angewandte Wissenschaft sich auszahle. Galilei denkt daran, das Fernglas nachzubauen.

Bild 2: Galilei lässt sich als Erfinder des Teleskops feiern.

In einem Staatsakt präsentiert Galilei dem Dogen und den Ratsherren Venedigs das Teleskop, die von ihm kopierte, geringfügig verbesserte Erfindung der Holländer, als Ergebnis eigener langjähriger Forschung. Das Gerät überzeugt in seinem Nutzen für die zivile und militärische Seefahrt; Galilei erhält eine Gehaltsaufstockung.

Ludovico registriert die moralische Bedenkenlosigkeit des großen Mannes. Galilei jedoch berühren weder die Festreden noch Ludovicos Vorwürfe, denn er ist seinem Ziel, die Richtigkeit der kopernikanischen Lehre zu beweisen, näher gekommen. Seinem Freund Sagredo flüstert er zu, dass er mithilfe des Teleskops Beobachtungen gemacht habe, die die Astronomie revolutionieren werden.

Bild 3: Galilei findet Beweise für das kopernikanische Weltbild.

Am 10. Januar 1610 beobachten Galilei und Sagredo durch das Teleskop den klaren Nachthimmel und diskutieren ihre Erkenntnisse über Mond und Milchstraße. Darüber hinaus bestätigt Sagredo Galileis Beobachtung, dass vier kleine Sterne den Jupiter als dessen Trabanten umkreisen. Diese Entdeckung ist der Durchbruch: Himmelskörper drehen sich um Himmelskörper; keiner ist, wie die herrschende Lehrmeinung sagt, unbeweglich an eine Kristallschale geheftet. Aber der Umgang mit dieser Entdeckung löst eine Kontroverse unter den Freunden aus. Galilei will nun nach Florenz gehen und die vier Sterne nach dem dortigen Großherzog »Mediceische Gestirne« nennen, um sich dessen Gunst zu sichern. Sagredo warnt vor Florenz, wo die Inquisition großen Einfluss habe.

Die nächtliche Diskussion wird vom Auftritt des Kurators unterbrochen, der entdeckt hat, dass nicht Galilei, sondern die Holländer das Fernglas erfunden haben. Als am frühen Morgen Galileis Tochter Virgina durchs Fernrohr schauen will, erklärt der Vater, dass das kein Spielzeug sei.

Am Ende des Bilds wird auf einem Vorhang ein Auszug aus Galileis Brief an den Großherzog von Florenz projiziert.

Bild 4: Galilei versucht vergeblich, den Hofgelehrten von Florenz seine Entdeckungen zu demonstrieren.

Die Demonstration der Mediceischen Gestirne soll am Teleskop in Galileis Haus in Florenz stattfinden. Vor Galilei trifft bereits der neunjährige Großherzog Cosmo ein. Andrea kann nicht widerstehen, ihn am Modell in die neue Lehre einzuführen. Aber Cosmo erweist sich in den Augen Andreas als zu dumm dafür. Die Knaben raufen, dabei zerbricht das ptolemäische Modell. Auch die Erwachsenen findet Andrea bald darauf zum Verzweifeln dumm.

Die Hofgelehrten sind zu Galileis Verblüffung nicht bereit, einfach durch das Teleskop zu schauen, sondern fordern einen wissenschaftlichen Disput auf der Grundlage der aristotelischen Lehre über die Frage, ob die Existenz von Jupitertrabanten überhaupt denkbar ist. Galileis Argumente werden zurückgewiesen. Seine Bitte, mit Rücksicht auf den Linsenschleifer Federzoni in der Landessprache statt in Latein zu disputieren, wird als Affront aufgenommen. Auf die Frage, wohin Galileis Ansätze führen sollen, bekennt sich Galilei dazu, dass das höchste Gut die Wahrheit selbst sei, deren Erforschung die Wissenschaft ohne Ansehen der Zwecke oder Folgen zu dienen habe.

Die Begegnung führt dazu, dass nun Rom eingeschaltet wird. Galileis Befunde sollen dem Jesuitenpater Christopher Clavius, dem Hauptastronom am Päpstlichen Collegium in Rom, zur Prüfung vorgelegt werden.

Beiläufig wird vor Beginn des gelehrten Disputs bestritten, dass es in Florenz Fälle von Pesterkrankungen gegeben hat.

Bild 5: Galilei bleibt trotz der Pestepidemie an seinem Schreibtisch.

In letzter Minute schickt der Großherzog einen Wagen, um Galilei, Virginia, Frau Sarti und Andrea vor der um sich greifenden Seuche nach Bologna in Sicherheit zu bringen. Der Kutscher drängt, aber Galilei zögert, während Virginia und Andrea schon ihm Wagen sitzen. Er muss sich gegen die Angriffe seiner Gegner wappnen und bringt es nicht fertig, seine Ausarbeitungen der letzten Monate im Stich zu lassen. Die Kutsche fährt ohne ihn, und auch Frau Sarti bleibt zuletzt seinetwegen zurück. Sie steckt sich an, wird aber überleben. Galilei fühlt sich ihretwegen schuldig.

Andrea ist irgendwo unterwegs von der Kutsche abgesprungen und nach drei Tagen plötzlich wieder da. Galilei versucht ihn mit wissenschaftlichen Neuigkeiten von der Erkrankung der Mutter abzulenken und zu trösten. Als Mann der Neuzeit lacht er darüber, dass die Behörden die Seuche mit Pestklappern zu vertreiben versuchen.

Bild 6: Pater Christopher Clavius bestätigt die astronomischen Ergebnisse Galileis.

Im Jahr 1616 hat sich Galilei nach Rom in die Räume des Päpstlichen Collegiums begeben. Er steht in einem Vorsaal abseits einer großen Zahl hoher Geistlicher, die mit ihm darauf warten, zu welchem Ergebnis die Kommission unter der Federführung von Christopher Clavius kommen wird. Es geht turbulent zu im Vorsaal, die Anwesenden verspotten Galilei und veralbern Einzelheiten des von ihm vertretenen heliozentrischen Weltbildes. Man weiß aber auch, dass seit gut einer Generation Himmelsphänomene immer wieder zu astronomischen Erklärungen führten, die mit den Lehren des Aristoteles nicht in Einklang zu bringen sind, sodass im hochmütigen Spott Bangigkeit mitschwingt. Man verschreit Kopernikus als Ketzer. Wie in Florenz kommt auch hier die Frage auf, wohin das alles führen soll. Am meisten erregt sich ein sehr alter Kardinal, der Galilei beschimpft, weil er mit seinen Thesen der Erde und den Menschen ihre gottgewollte Sonderstellung nehme. Bei der Bekräftigung, dass der Mensch das Ebenbild Gottes und Gottes Schöpfung unvergänglich sei, bricht er zusammen.

In dem Augenblick kommen Clavius und sein Expertenstab heraus. Clavius bestätigt die Richtigkeit von Galileis Ergebnissen. Ein junger Mönch aus der Kommission gratuliert diesem. Für Galilei ist sein Sieg aber vor allem der Sieg der Vernunft über den Glauben und die Autorität der alten Bücher.

Als er fortgeht, betritt eben der Kardinal Inquisitor den Saal, den Galilei hier das erste Mal sieht.

Bild 7: Maskenball im Haus Bellarmins und »Ermahnung«.

Galilei und seine seit Kurzem mit Ludovico verlobte Tochter haben die Ehre, zum Maskenball ins Haus des Kardinals Bellarmin in Rom eingeladen zu sein. Virginia ist schön und glücklich. Selbst beim Friseur in Rom hat sie erfahren, wie berühmt und populär ihr Vater inzwischen ist.

Im Vestibül (der Diele) des herrschaftlichen Palasts wartet Galilei auf den Hausherrn und den Mathematiker-Kardinal Barberini und erklärt währenddessen den dort postierten Sekretären Bellarmins einige kühne Neuerungen im Schachspiel, die bisher ungeahnte Perspektiven eröffnen.

Die beiden Kirchenfürsten erscheinen hinter den Masken eines Lamms und einer Taube und verwickeln Galilei in ein Wortgefecht. Galilei kontert Bibelzitate mit Bibelzitaten. Die Kardinäle räumen ein, dass die Jupitermonde für die Theologen ein heikles Problem darstellen. Sie gestehen ferner zu, dass moderne Sternkarten auf der Grundlage des kopernikanischen Weltbildes brauchbarer seien als die alten. Bellarmin bietet Galilei an, ihn den für den Abend engagierten Edelprostituierten vorzustellen, Galilei zieht es aber vor, den Disput fortzusetzen und bekennt sich dazu, ein gläubiger Katholik zu sein. Das anscheinend freundschaftliche und private Gespräch nimmt eine offizielle Wendung, als Bellarmin die Sekretäre zum Protokollieren auffordert und Galilei das jüngste Dekret des Heiligen Offiziums vorliest. Darin ist die Lehre des Kopernikus ab sofort als ketzerisch gebrandmarkt. Galilei wird aufgefordert, sich von ihr zu distanzieren. Ihm selbst erlaubt die Kirche, seine Forschungen fortzusetzen, sofern er sie als bloße Hypothesen behandle.

Die Kardinäle führen Galilei in den Ballsaal. Der Kardinal Inquisitor tritt auf und prüft das Protokoll. Virginia läuft ihm in den Weg. Er gratuliert ihr zu ihrem großen Vater, den er gleichzeitig lächelnd als maßlosen Neuerer diskreditiert. In einfachen Worten erklärt er ihr die Vorzüge des ptolemäischen Systems, lässt sich den Namen ihres Beichtvaters in Florenz sagen und trägt ihr auf, diesen vom Kardinal Inquisitor aus Rom zu grüßen.

Bild 8: Der kleine Mönch im Konflikt zwischen Theologie und Astronomie.

Galilei hält sich noch als Gast im Haus des florentinischen Gesandten in Rom auf, als Fulganzio, ein junger Mönch aus der Kommission des Clavius, ihn dort mit seinen Sorgen aufsucht. Er hat sich von der Existenz der Jupitermonde überzeugt und dennoch Verständnis für das jüngste Dekret. Mitgefühl und seelsorgerische Motive legen ihm nahe, die Astronomie wieder aufzugeben. Er ist ein Sohn armer Bauern aus der Landschaft um Rom (der Campagna) und erzählt vom harten Leben dieser Menschen, das ihnen so lange erträglich sei, als sie sich in einem göttlichen Heilsplan geborgen fühlen könnten, in dem auch das Elend seinen Sinn hat. Das Dekret schränke die freie Forschung weise ein, damit die Grundlagen des Glaubens der Ärmsten nicht erschüttert würden.

Galilei hört ihn an, entgegnet dann aber, dass die Bauern der Campagna nicht arm zu sein bräuchten, wenn die katholische Kirche nicht auf ihrem Rücken ihre Kriege austrüge und sie schamlos ausbeutete. Für das Hauptmotiv der kirchlichen Verteidigung des geozentrischen Weltbildes hält er das machtpolitische Interesse des Papstes an seiner überlieferten Vorrangstellung als Mittelpunkt des Universums. Statt das Alte aufrechtzuerhalten, solle man die Bildungschancen der Bauern verbessern und die Landwirtschaft modernisieren. Er beeindruckt seinen Gast mit einem Plädoyer gegen die Lüge und für die Unverrückbarkeit und Schönheit der Wahrheit. Argumentativ bereits auf dem Rückzug, klammert sich der kleine Mönch an die Hoffnung, dass die Wahrheit sich vielleicht auch von alleine durchsetzen könnte. Aber Galilei verlangt den aktiven Einsatz für sie. Er gewinnt den kleinen Mönch für die Physik zurück, indem er ihn mit seinen jüngsten Erkenntnissen zum Gezeitenwechsel (zum Wechsel zwischen Ebbe und Flut) lockt. Als der kleine Mönch gleich zu blättern und zu fragen beginnt, bezeichnet Galilei den unbedingten Forscherdrang als eine Sucht und ein Laster, das ins Unglück führe.

Bild 9: Galilei beginnt erneut mit dem »Erde-um-die-Sonne-Zirkus«.

Seit dem Dekret von 1616 hat Galilei acht Jahre lang zu Fragen des kopernikanischen Weltbildes geschwiegen, obgleich europäische Gelehrte aus Wittenberg, Paris und Prag ihm ihre Hypothesen zur Natur der Sonnenflecken zusenden. Ebenso viele Jahre ist Virginia bereits mit Ludovico verlobt. Mit Frau Sarti zusammen arbeitet sie an ihrer Aussteuer. Im Herbst soll endlich die Hochzeit sein.

Andrea drängt Galilei, sich wieder in den wissenschaftlichen Diskurs einzuschalten, aber Galilei erinnert nur an das Schicksal Giordano Brunos. Zur Freude von Frau Sarti forscht man im Haus in Florenz geduldig zu Fragen des spezifischen Gewichts schwimmender Körper statt mit dem Teleskop. Galilei und seine Freunde, zu denen nun auch der kleine Mönch gehört, überprüfen die Lehrsätze des Aristoteles experimentell und finden darin schwere Fehler. Sie lachen darüber, wie blind man sich bisher seiner Autorität gebeugt hat.

Ludovico tritt auf. Virginia freut sich, ihm ihr Brautkleid zeigen zu können. Im Namen seiner Familie lobt Ludovico Galileis Zurückhaltung in der Auseinandersetzung um die Sonnenflecken. Er berichtet, dass der alte Papst im Sterben liege; als möglicher Nachfolger werde Barberini genannt.

Ernst Busch (Zweiter von links) als Galilei und Fred Düren als Andrea Sarti (rechts daneben) in Bertolt Brechts und Erich Engels Inszenierung des Stücks mit dem Berliner Ensemble (1957).

Heimlich, auf dem Dachboden, hat Galilei bereits die Sonnenflecken observiert; nun, auf Ludovicos Nachricht hin, fühlt er sich ermutigt, es offen zu tun. Auf der Stelle lässt er die bisherigen Experimente abbrechen und die Versuchsanordnung zur Beobachtung der Sonnenflecken aufbauen; Barberini gilt ihm als Freund und mächtiger Fürsprecher der Naturwissenschaft. Er nimmt sich vor, seine Bücher künftig statt in Latein in der Landessprache zu schreiben, denn er setzt auf das Interesse und Verständnis der Städter, Handelsherren, Seeleute und Handwerker.

Ludovico indessen löst, nachdem er erkannt hat, dass Galilei die Astronomie keineswegs endgültig aufgegeben hat, sein Verlöbnis mit Virginia und reist ab. Ein Schwiegervater, der das Dekret der Inquisition missachtet, ist für ihn nicht akzeptabel. Als Virginia mit ihrem Brautkleid hereinkommt und begreift, was geschehen ist, schwinden ihr die Sinne.

Bild 10: Das Volk bedient sich der neuen Lehre.
Galileis neue Weltsicht hat sich im Laufe der letzten Jahre im Volk herumgesprochen, sie ist populär geworden und wird zur Quelle für Spott, Übermut, Kirchenschelte und Gesellschaftskritik. In der kleinen Straßenszene treten – im Schutz der Narrenfreiheit der Fastnachtszeit – Schausteller auf, die aus dem heliozentrischen Weltbild die Umkehrung der sozialen Verhältnisse ableiten. Sie singen davon, wie schön es wäre, wenn sich einmal das Große um das Kleine und der Herr um den Knecht drehte oder die Frau nach eigenem Gutdünken aus der Reihe tanzte. Der Festwagen führt eine Galilei-Figur in der Pose des Bibelzertrümmerers mit.

Bild 11: Galilei wird von der Inquisition verhaftet.
Galilei möchte seinem Schüler Cosmo, dem Großherzog von Florenz, den *Dialog*, sein 1630 vom Papst zur Veröffentlichung freigegebenes neues Werk, überreichen, dessen Druck sich lange verzögert hat. Man schreibt inzwischen das Jahr 1633.

Er und Virginia warten darauf, vom Fürsten empfangen zu werden. Virginia ist unruhig. Ihr ist aufgefallen, dass sie beschattet wurden. Bekannte drücken sich fast grußlos an ihnen vorbei, nur Vanni, der von Galilei überzeugte Unternehmer, begrüßt sie herzlich. Für ihn ist Galilei der Repräsentant des Fortschritts. Er weiß, dass man diesen im Kabinett des Großherzogs für Pamphlete gegen die Bibel verantwortlich macht, die im Volk kursieren. Er rät daher dringend zur Flucht nach Venedig und will Galilei hierfür einen Wagen zur Verfügung stellen. Galilei erkennt, dass er als Projektionsfigur für öffentliche Richtungskämpfe missbraucht wird, und bekräftigt seine alte Überzeugung, dass er nicht politisch agiere, sondern lediglich als Fachwissenschaftler die Mechanik des Universums erkläre. Aber auch er hat an Flucht gedacht. Sagredo hat ihn nach Padua eingeladen.

Zu ihrer Überraschung begegnen sie dem Kardinal Inquisitor. Als Cosmo selbst erscheint, nimmt er Galileis Buch nicht an. In diesem Moment weiß Galilei, dass es höchste Zeit ist, den eigenen Fluchtwagen zu erreichen. Aber sie werden abgefangen. Sie müssen in einen Wagen der Inquisition steigen, der sie nach Rom führt.

Bild 12: Der Papst überlässt Galilei der Inquisition.
Während Papst Urban VIII. sein Ornat angelegt wird, dringt der Kardinal Inquisitor in ihn, Galileo Galilei seiner Behörde auszuliefern. Galilei soll zum Widerruf gezwungen werden. Seine Lehre untergrabe die Autorität der Bibel und damit die der Kirche und gesellschaftlichen Ordnung. Barberini stellt sich entschieden vor Galilei. Aber der Inquisitor versteht es, seinen Widerstand zu brechen. Damit ist der Weg frei. Die Inquisition kann Galilei den Prozess machen und ihm die Folter androhen.

Bild 13: Galilei widerruft.
Galilei, nun fast siebzigjährig, ist in der Hand der Inquisition. Ihm wird ein umfassender Widerruf seiner astronomischen Lehren abverlangt. Sogar Virginias Beichtvater ist zum Prozess nach Rom beordert worden.

Am 22. Juni 1633 warten Andrea, Federzoni und der kleine Mönch im Haus des florentinischen Gesandten in Rom ungeduldig auf eine Nachricht vom Ausgang des Prozesses. Sie sind sich einig, dass Galilei Venedig nie hätte verlassen dürfen. In Florenz ist der *Dialog* sofort nach Erscheinen wieder beschlagnahmt worden, und dort wird es auch keine Chance für die Publikation der *Discorsi* geben, des begonnenen Hauptwerks, in dem Galilei die Mechanik und die Lehre zu den Fallgesetzen als methodisch neue Naturwissenschaften begründet. Aber besonders Andrea ist sich sicher, dass sein großer Lehrer nicht widerrufen, die Wahrheit unter keinen Umständen verleugnen wird. Die Schüler erinnern sich verschiedener Situationen, in denen Galilei keinerlei Beugung der Wahrheit duldete.

Ein Beamter der Inquisition teilt mit, dass um Punkt fünf Uhr eine Glocke läuten wird, sofern Galilei widerruft. Andrea bekennt sich demonstrativ zum heliozentrischen Weltbild. Als die Glocke um fünf Uhr schweigt, geben sich die Schüler der Vision eines glücklichen Zeitalters des Wissens hin, weil einer, ihr Lehrer, die Kraft hatte, der Gewalt zu widerstehen. Der kleine Mönch dankt seinem Gott dafür, während die ebenfalls anwesende Virginia betet, ihr Vater möge widerrufen, um nicht in die Hölle zu kommen.

Dann aber beginnt die Glocke doch noch zu läuten. Der Text des Widerrufs wird verlesen. Als Galilei erscheint, überfällt Andrea ihn mit bitteren Vorwürfen. Galilei aber weist die Schuld an seinem Verrat an der Wissenschaft von sich. Er beklagt das Land, das zur Durchsetzung der Wahrheit Helden nötig hat. Im Nachspann wird ein Auszug aus den *Discorsi* projiziert.

Bild 14: Andrea besucht Galilei in seinem Arrest und empfängt die »Discorsi«.

Seit seinem Widerruf 1633 bis zu seinem Tod 1642 lebt Galilei trotz einiger Bequemlichkeiten als Gefangener der Inquisition nahe bei Florenz. Ein Mönch bewacht ihn und seine der Kirche ergebene Tochter. Galilei darf nicht mehr lehren, aber er darf schreiben. Es ist fast vollständig erblindet, deshalb diktiert er Virginia die Fortsetzung der *Discorsi*, die Blatt für Blatt dem Mönch auszuhändigen sind. Sie liest dem Vater gelegentlich Horaz vor, den er liebt. Vor allem aber liegt ihr an der Aufrichtigkeit seiner Reue, und so drängt sie ihn, die erbauliche Korrespondenz mit dem Erzbischof fortzusetzen. Galilei hat eine gewisse Freude daran, oberflächlich affirmative Texte zu diktieren, die mit Ironie gespickt sind.

Ein Unbekannter hat Gänse vorbeigebracht. Galilei verspürt Lust auf Gänsebraten. Als Andrea Sarti, auf dem Weg nach Amsterdam, bei Galilei eintritt, beruhigt Virginia den Mönch, dass dieser Mann zum Feind des Vaters geworden und daher unverdächtig sei. Das Gespräch zwischen dem ehemaligen Lehrer und seinem einstigen Lieblingsschüler beginnt kühl. Aber als Galilei die Tochter in die Küche geschickt hat und der Mönch ihr gefolgt ist, vertraut er Andrea an, dass die *Discorsi* abgeschlossen seien und dass im Globus eine Zweitschrift stecke, die er in hellen Nächten heimlich angefertigt habe. Andrea ist überwältigt, denn damit ist das Werk gerettet; er selbst kann es ins Ausland schmuggeln. Er leistet Abbitte. Galileis Widerruf bewertet er nun als die höhere List dessen, der für den wissenschaftlichen Fortschritt den höchsten Preis – den Verlust seiner persönlichen Reputation – zu zahlen bereit sei.

Aber Galilei weist eine solche Deutung von sich. Er nennt sich einen Verräter und Sklaven der Macht, denn gesiegt habe nicht er, sondern die Obrigkeit, die sich seiner wissenschaftlichen Erkenntnisse zu eigenen, zweifelhaften Zwecken bediene, während sie die Menschen weiterhin am Gängelband führe. – Dennoch macht es ihn froh, dass Andrea die *Discorsi* vor der Zensur retten wird. Den Glauben an ein neues Zeitalter hat er noch nicht aufgegeben.

Bild 15: Andrea bringt die »Discorsi« ins Ausland.

An einer Grenzstation nach Deutschland verbirgt Andrea die *Discorsi* dadurch vor den Zöllnern, dass er offen darin liest, während die Beamten sein Gepäck nach verbotenem Schrifttum durchsuchen. Kinder umtanzen ihn und erzählen, dass die alte Frau in der Hütte am Platz eine Hexe sei, der man in der Stadt deshalb keine Milch gebe. Andrea besorgt einen Krug Milch für die Frau. Gefragt, ob sie wohl wirklich auf ihrem Besen durch die Luft fliegen könne, erklärt Andrea den Kindern geduldig die Voraussetzungen des Fliegens. Noch gehe so etwas nicht; aber dass zukünftige Menschen einmal fliegen lernen, schließt er nicht aus. Man stehe erst am Beginn.

Bertolt Brecht

Der Schneider von Ulm

(Ulm 1592)

Bischof, ich kann fliegen
Sagte der Scheider dem Bischof.
Paß auf, wie ich's mach!
Und er stieg mit so'n Dingen
Die aussahn wie Schwingen
Auf das große, große
Kirchendach.
Der Bischof ging weiter.
Das sind lauter so Lügen
Der Mensch ist kein Vogel
Es wird nie ein Mensch fliegen
Sagte der Bischof dem
Schneider.

Der Schneider ist verschieden
Sagten die Leute dem Bischof.
Es war eine Hatz.
Seine Flügel sind zerspellet
Und er liegt zerschellet
Auf dem harten, harten
Kirchenplatz.
Die Glocken sollen läuten
Es waren nichts als Lügen
Der Mensch ist kein Vogel
Es wird nie ein Mensch fliegen
Sagte der Bischof den
Leuten.

(Das Gedicht entstand vermutlich neben der Arbeit am »Galilei« um 1938 in Dänemark. Gesammelte Werke, Band 9, S. 645)

III Analyse und Deutung

1 Form

Modellstück oder konventionelles Theater?
Bertolt Brecht wollte seine Stücke nicht als Abbild von Wirklichkeit verstanden wissen, sondern als Modelle: als Fallbeispiele und Experimente, die die Veränderbarkeit sozialer und politischer Prozesse und der menschlichen Verhältnisse demonstrieren. Im Leben des realen Galilei fand er solch eine der Gegenwart analoge Situation mit Modell-Charakter, denn der Galilei-Stoff erwies sich als so gehaltvoll, dass daran die Wahrheitsproblematik der früheren Zeit wie auch der eigenen Gegenwart geschildert werden konnte. In erster Linie ging es Brecht nicht darum, die historische Epoche Galileis bilderbogenartig zu illustrieren, sondern die Gegenwart historisch zu verfremden oder – in Brechts Terminologie – sie zu *historisieren*. In der Betrachtung der ihn emotional nicht unmittelbar berührenden fernen Geschichte soll der zeitgenössische Zuschauer die Entsprechungen zum aktuellen Verhältnis von Wissenschaft und staatlicher Macht einerseits sowie Wissenschaft und Gesellschaft andererseits spiegelbildlich gebrochen erkennen und seine Schlüsse daraus ziehen.

Aber *Leben des Galilei* lässt sich darüber hinaus an Brechts Regeln für ein experimentelles (episches) Theater vorbei wie ein traditionelles (aristotelisches) Drama lesen. Bereits das Zürcher Uraufführungspublikum von 1943 neigte dazu, mit Galilei mitzufühlen und mitzuleiden und sich vom Sog des als spannend empfundenen Geschehens mitreißen zu lassen. Noch 1947 notierte der Autor unzufrieden: »An und für sich kann *Leben des Galilei* ohne größere Umstellung des zeitgenössischen Theaterstils aufgeführt werden, etwa als ein historischer ›Schinken‹ mit einer großen Rolle. Eine konventionelle Aufführung [...] müsste jedoch die eigentliche Kraft des Stückes beträchtlich schwächen.« (BW, Band 17, S. 1125 f.)

Zu dieser im Sinne Brechts unerwünschten Rezeptionshaltung kommt es aus mehreren Gründen. Schon der Titel suggeriert einen Helden und herkömmliches Theater, denn im Mittelpunkt steht offensichtlich, wie in vielen bekannten Dramen, eine kraftvolle, überlebensgroße Figur. Da sie zudem nicht frei erfunden, sondern – nicht anders als im Falle eines Faust, eines Wallenstein oder auch eines Danton – historisch ist, geht ihr der Ruf der Größe bereits voraus. Der Rückgriff auf den historischen Galilei begrenzt die dichterische Freiheit im Umgang mit dieser Gestalt, sodass realer und legendärer Galilei ihre Dynamik ins Stück hinein entfalten. Ein solcher Galilei kämpft den heroischem Kampf für die Durchsetzung des kopernikanischen Systems und den durchaus sympathischen Kampf um die Aufbesserung seines Gehalts und würdigere Forschungsbedingungen, unterschätzt – verblendet wie nur je ein klassischer Held – die Gefahr, in der er sich befindet, und unterliegt am Ende seinen Gegnern. Indem er aber noch im Untergang der wissenschaftlichen Welt die *Discorsi* schenkt, siegt der von ihm auf den Weg gebrachte Fortschritt über die Reaktion; Galilei erlangt tragische Größe.

Dieses Textverständnis geht allerdings am Modellcharakter des Stücks vorbei, unterschlägt die Dialektik – die erkenntnisfördernden Widersprüche und Widerhaken –, die Brecht in sein Stück eingesenkt hat, und abstrahiert von dem gesellschaftlichen Feld, auf dem Galilei sich bewegt. Aber auch Bauplan und Handlungsführung des Stücks, das Brecht ein »Schauspiel« nannte, begünstigen zunächst die konventionelle Lesart. Brecht war sich darüber im Klaren, dass die ungewollte Wirkung des *Galilei* durch dessen Struktur verursacht wurde; dennoch ließ er diese Struktur auch in der letzten Fassung weitgehend unangetastet.

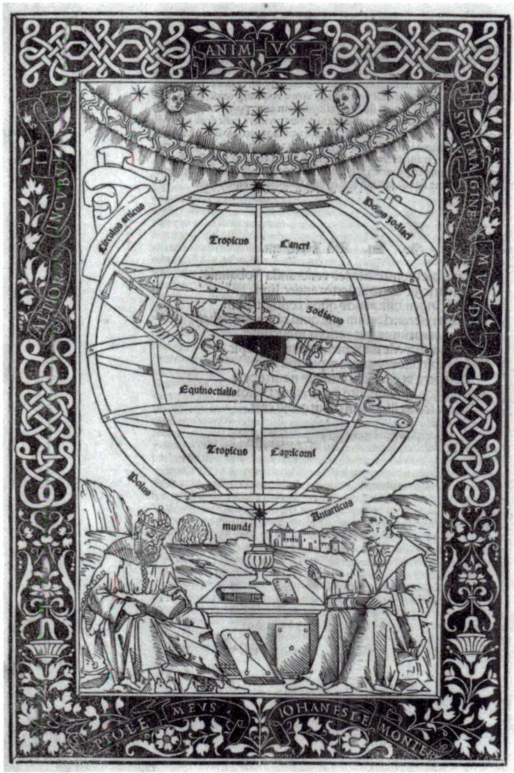

Das ptolemäische Weltbild von Regiomontanus: »Epytoma in Almagestum Ptolomei« (1498).

Bauplan und Handlungsführung

Für die dramatische Gestaltung hat Brecht den Zeitraum von 1609 bis etwa 1642 aus dem Leben des historischen Galileo Galilei herausgegriffen. 1610 ist (bei Brecht) das Jahr der großen Entdeckungen, mit denen die Konflikte einsetzen. Im Stück ist diesem Jahr mit den Bildern 1 und 2 eine Einführung vorgeschaltet. 1642 starb Galileo Galilei. Daraus ergibt sich, dass das vierzehnte Bild, das zeitlich zwischen 1633 und 1642 angesiedelt ist, den alten Galilei zeigt.

Der große Handlungszeitraum erlaubt es dem Autor, markante Stationen der Lebensgeschichte Galileis und des Streits um die neuen wissenschaftlichen Erkenntnisse als dramatische Bilder herauszugreifen. Jenseits der aristotelischen Dramatik mit ihrer Verpflichtung auf die Einheit von Personen, Ort und Zeit bringt Brecht in kleinen und großen Rollen über fünfzig Personen ins Spiel (was auf dem Theater durch Mehrfachbesetzung gelöst wird); beinahe mit jedem neuen Bild wechseln die Schauplätze, und Zeitsprünge sind ebenso unerlässlich wie erwünscht.

Die zahlreichen Mitwirkenden repräsentieren gesellschaftliche Gruppen und agieren als Gegengewicht gegen die Dominanz des Protagonisten. Entscheidend ist für Brecht das Verhältnis Galileis zu den gesellschaftlichen Kräften der Zeit. Dennoch ist er in allen Bildern der aktive oder passive Mittelpunkt. Die gesellschaftliche Realität der alten Zeit teilt sich besonders im abergläubisch-mittelalterlichen Umgang mit der Pest (Bild 5) und im Hexenglauben der Kinder im fünfzehnten Bild mit. Als Demonstration einer in Sicht kommenden neuen Zeit ist die Volksszene (Bild 10) dagegengesetzt. Sie ist die einzige Unterbrechung der unmittelbaren Galilei-Handlung, zeigt aber auf ihrem Höhepunkt die im Umzug mitgeführte Galilei-Puppe und hat das neue Weltbild zum Thema. Bild 12 gibt Einblick in das politische Ränkespiel, das Galilei zum Verhängnis wird: Selbst abwesend, ist er Gegenstand des Gesprächs zwischen Papst und Inquisitor.

Es ist keine Erfindung Brechts, die Gesellschaft zum Mitakteur, zur *dramatis persona*, zu machen. Brecht schätzte Georg Büchner und fand diese Konzeption und Technik bereits in dessen personenreichen Revolutionsstück *Dantons Tod* (1835) vorgebildet; und realistische Dramatiker des 19. Jahrhunderts waren Büchner gefolgt. Während aber Büchner trotz aller

Zersplitterung und vieler Spotlights auf die Beschaffenheit der Gesellschaft (Revuetechnik) die Einheit der Zeit wahrte und damit dem Zuschauer oder Leser erlaubte, sich vom Strom der Ereignisse mitreißen zu lassen, ist im *Galilei* das Zeitkontinuum zumindest zwischen den Bildern 8 und 9, 9 und 10 sowie 13 und 14 deutlich unterbrochen.

Doch diese Zeitsprünge werden nicht als Illusionsbrüche wahrgenommen. Vielmehr entfaltet sich der gesamte – in kleinere Einheiten untergliederte – Handlungsverlauf als ein großer, das Geschehen »organisch« (Ernst Schumacher) vorantreibender Spannungsbogen. Die größte Teileinheit, die nach dem klassischen Muster der Szenenverbindung *(liaison des scènes)* gearbeitet ist, liegt in der langen Anfangssequenz von Bild 1 bis Bild 8 vor. An das Verlesen des Dekrets in Bild 7,2 schließen sich die Bilder 8 und 9 thematisch an, und auch die Bilder 11,2 bis 13 bilden eine – fast atemlose – Sequenz, deren Ergebnis in Bild 14 zu besichtigen ist.

Trotz einer gewissen Inselhaftigkeit ist auch die Volksszene (Bild 10) logisch eingebunden: Auf die Nachricht vom bevorstehenden Wechsel auf dem Papstthron (Bild 9,2) hin glaubt Galilei wieder unbehindert weiterarbeiten zu können, und auch das Volk zieht utopische Hoffnung aus der neuen Lehre; ein Gefühl von neuer Freiheit trägt beide, die vielen und den großen Einzelnen, bis der Großherzog von Florenz Galileis neue Schrift ablehnt und ihn der Inquisition ausliefert. Auch die Bilder 9,2 bis 11 sind also miteinander verzahnt. Außerdem korrespondiert die Volksszene mit anderen personenreichen Szenen (Bilder 2, 4, 6, 7), die mit ihrer karnevalesken Turbulenz das Stück dynamisch beleben. Die Vorgänge im Arsenal (den Schiffswerften von Venedig: Bild 2), das Raufen der Kinder und der Disput in Galileis Haus (Bild 4), die Clownerien der auf Clavius wartenden Geistlichen (Bild 6) und der Maskenball (Bild 7) retten zusammen mit der Volksszene etwas vom Anarchismus des frühen Brecht ins grundsätzlich ernste Stück: In ihnen entfalten sich Witz, Ironie und Übermut, das Spiel mit der Parodie, mit Maskerade, Verstellung und doppeltem Boden und die Lust am Slapstick des Volkstheaters. Sogar die Pest-Szene (Bild 5) ist nicht frei von Satire: Das kopflose Spektakel, mit der die Stadt der Pest Herr zu werden versucht, reizt Galilei zum Lachen.

Man kann sogar plausibel argumentieren, dass die Handlungsführung des *Galilei* dem pyramidenförmigen Bauschema des klassischen, am Schicksal des Helden orientierten Dramas gleicht: Die Bilder 1 und 2 fungieren als Exposition (Einführung des Helden, Bau und Präsentation des Fernrohrs). – Die Bilder 3 bis 7,1 enthalten das den Konflikt auslösende Moment und gestalten die ansteigende Handlungslinie: Galilei findet die Beweise für das kopernikanische Weltbild, die zunächst abgelehnt, dann in Rom zur Begutachtung vorgelegt und dort schließlich bestätigt werden. Das Urteil des Pater Calvius (»Es stimmt«; Bild 6, S. 64) löst die Spannung und bildet den Höhepunkt von Galileis bisheriger Laufbahn. Diesem Moment des äußeren Glanzes scheint der Ball in Bild 7 festlichen Ausdruck zu verleihen. – Bild 7,2 aber bringt mit dem Verlesen des Dekrets die klassische Peripetie (den Punkt des Umschlags) und leitet die fallende Handlungslinie ein, die in die Katastrophe, in Galileis Widerruf mündet (Bild 13). – Die Bilder 9, 2 bis 11,1 fungieren als klassisches retardierendes (die Katastrophe verzögerndes) Moment: Die fallende Linie scheint mit dem Machtwechsel in Rom zum Stillstand gekommen, Galilei, das Volk und die Wissenschaft erhalten neuen Auftrieb, der *Dialogo* wird gedruckt; aber dies sind lediglich trügerische Zeichen der Hoffnung, welche die endgültige Niederlage (ab Bild 11,2: Galileis Verhaftung) umso härter erscheinen lassen.

»Leben des Galilei« in der Struktur des klassischen Dramas

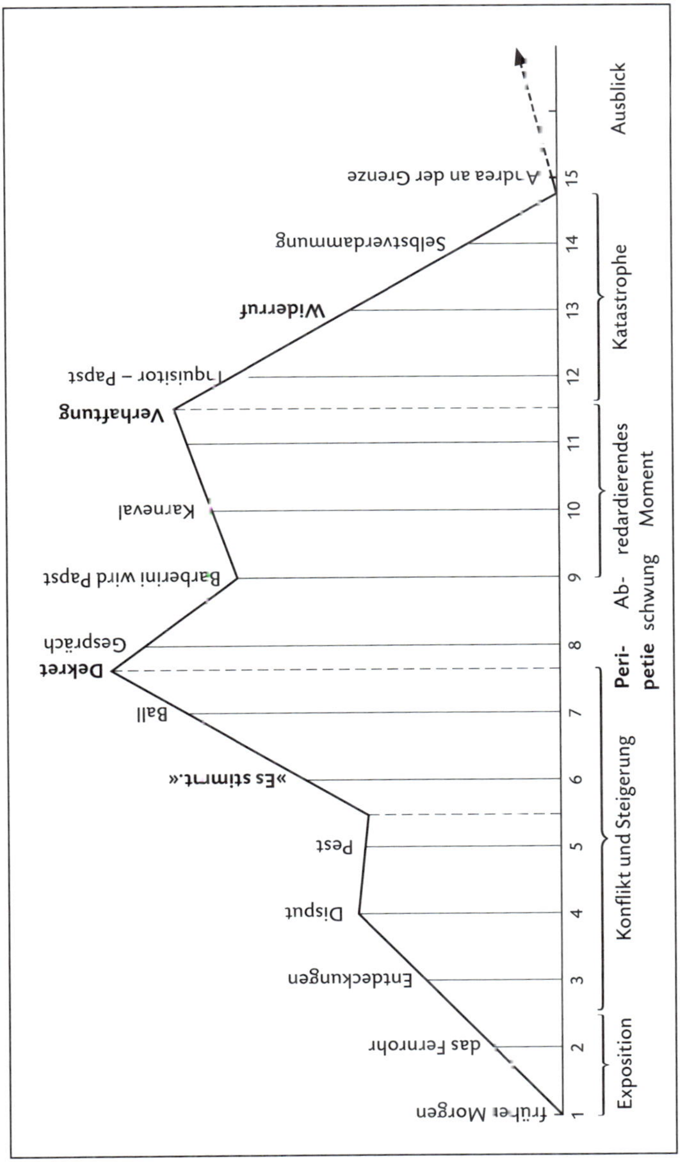

Korrespondenzen, Kontroversen, Widersprüche

Der Eindruck einer linearen Handlungsführung korrigiert sich nach Abschluss der ersten Lektüre. Zurückschauend nimmt man ein dichtes Netz von Verknüpfungen und Beziehungen (Korrespondenzen) innerhalb der einzelnen Bilder und zwischen ihnen wahr. Ihr Strukturprinzip sind Gegensatz, Widerspruch und Kontroverse.

Besonders auffällig ist der Kontrast zwischen Bild 1 und Bild 14. Der »frühe[ ] Morgen des Beginnens« (S. 12) mit seiner Lust zu leben, zu lehren und »die Ursachen aller Dinge zu erforschen« (S. 11) hat sich in lähmende Nacht verkehrt. Die fröhliche Wissenschaft hat ihre Wahrheit als Lüge denunziert. Der eifrige Schüler Andrea begegnet seinem alten Lehrer feindselig. Die reaktionären Kräfte haben den Geist des Aufbruchs niedergeschlagen. Bild 14 ist Folge von Bild 1 und dessen Umschlag ins Gegenteil.

Dieses Paradox, dass eine Ursache sich in ihrer Folge wieder aufhebt, indem sie sich in ihr Gegenteil verkehrt, ist bezeichnend für Brechts dialektische Auffassung von Geschichte. Alle menschlichen Verhältnisse sind für diesen Autor geschichtlich, das heißt durch die jeweils gegebene ökonomische und geistige Situation bedingt, und Geschichte ist in seinen Augen ein fortwährend sich hervorbringender, sich wieder vernichtender und aus der Negation neue Kraft ziehender Prozess, der nie – auch nicht etwa in einem sozialistischen Paradies auf Erden – zum Stillstand kommt. (Brecht lehnte einen erstarrten Sozialismus ab.) Der positive Ansatz der Bewegung entlässt aus sich seine Verneinung, aber aus der Verneinung guckt bereits wieder die neue, sie abermals überwindende Perspektive hervor.

Entsprechend diesem von Georg Wilhelm Friedrich Hegel und Karl Marx entwickelten Geschichtsbild schließt auch Bild 15 ebenso folgerichtig wie widersprüchlich an Bild 14 und Bild 1 an, da der einstige Schüler, nun selbst Physiker, die *Discorsi* über die Grenze bringt und die Kinder an der Zollstation Galileis neues, genaues Sehen lehrt. Der erste programmatische Satz des Stücks – »Stell die Milch auf den Tisch, aber klapp kein Buch zu« (S. 9) – verwies bereits auf die widersprüchliche Einheit von Bewusstsein (Forschung) und Sein (materieller Grundlage). Nun erfährt er seine Entsprechung in dem aufgeschlagenen Manuskript, in dem Andrea liest, und dem Krug Milch, den er der Alten hinstellt (Bild 15, S. 132 f.). Bild 15 ist abermals Beginn und Unterweisung und enthält in sich abermals die beiden Pole von Aufklärung und Lebenssicherung. Dennoch hat Galilei seinen ehemaligen Schüler eben noch als »Bruder in der Wissenschaft und Vetter im Verrat« (Bild 14, S. 126) apostrophiert, sodass der Widerspruch im Szenengefüge nicht ganz getilgt wird.

Das Theater des wissenschaftlichen Zeitalters vermag die Dialektik zum Genuss zu machen. Die Überraschungen der logisch fortschreitenden oder springenden Entwicklung, der Unstabilität aller Zustände, der Witz der Widersprüchlichkeiten und so weiter, das sind Vergnügungen an der Lebendigkeit der Menschen, Dinge und Prozesse, und sie steigern die Lebenskunst sowie die Lebensfreudigkeit.

Alle Künste tragen bei zur größten aller Künste, der Lebenskunst.

Bertolt Brecht im »Kleinen Organon« (Ges. Werke, Band 16, S. 702)

Widerspruch und dialektischer Umschlag bestimmen die kleinteiligen und großräumigen Baueinheiten des Stücks. Sie finden sich innerhalb der in sich relativ geschlossenen Einzelszene ebenso wie in der Stellung der Szenen zueinander. Befremdlich nüchtern zum Beispiel führt der eben noch enthusiastische Galilei in Bild 1 das Gespräch mit dem Kurator. Der Arbeitsfreudige ist auch ein mit seiner Leistung Unzufriedener, weil ihm Zeit fehlt. Die Absage des Kurators treibt ihn zum Plagiat des Fernrohrs und zum Betrug an der Republik Venedig (Bild 2). Aber gerade der unlautere Akt des geistigen Diebstahls führt zur Entwicklung des Werkzeugs, das die umwälzenden Entdeckungen auf dem Gebiet der Astronomie ermöglicht (Bilder 2 und 3). Der nächste Schritt, als Galilei den Hofphilosophen in Florenz die revolutionären Entdeckungen am Nachthimmel zeigen will (Bild 4), wird ihm dann, statt zum Erfolg, zum Verhängnis, denn man setzt nun die Kirche auf ihn an. Der voreilige Triumph der Gegner wiederum verkehrt sich durch den Befund der Kommission (Bild 6) ins Gegenteil – und so fort: in Bild 7 ist das Fest bereits von der Inquisition unterminiert, in Bild 9 schlägt die gedämpfte Stimmung in neuen Schwung und dieser wiederum in das Unglück Virginias um; in Bild 13 wird aus der Hoffnung der Schüler tiefe Enttäuschung; in Bild 14 verwandelt sich Feindseligkeit in Apologie (Andreas Verteidigung Galileis), die Apologie ruft Galileis Sarkasmus auf den Plan, dem wiederum die Aussicht auf eine neue Zeit widerspricht.

Widersprüchliche Antworten auf große Fragen werden dem Zuschauer als offene Antithesen präsentiert: Ist die Wissenschaft in erster Linie ihrer eigenen Wahrheit verpflichtet oder der noch rückständigen Gesellschaft oder den aufstrebenden Städten? Ist Galileis von vielen infrage gestelltes Vernunft-Credo (Bilder 3, 7, 8) die richtige Einstellung? Ist der wissenschaftliche Eros Sucht und Laster oder eine der edelsten menschlichen Eigenschaften? Hat nach dem Widerruf Andrea recht (»Unglücklich das Land, das keine Helden hat!«) oder ist Galilei zuzustimmen (»Unglücklich das Land, das Helden nötig hat.« S. 115 f.)? Besonders die Beurteilung des Widerrufs führt in komplizierteste Bündel von Widersprüchen.

Außer im pointiert dramatischen Dialog (Bilder 3, 7, 12) stellt Brecht die Vertreter der alten und der neuen Ordnung zusätzlich in einer Fülle zusammenhängend vorgetragener großer Reden einander gegenüber: in der geschliffenen Gegenrede des Peripatetikers in Bild 4 (S. 47 f.); in den langen Ausführungen des kleinen Mönchs und Galileis in Bild 8, in der Belehrung Virginias durch den Kardinal Inquisitor unmittelbar nach Galileis großem Erfolg (Bild 7, S. 74 f.), in Ludovicos Darlegung seines klerikal-feudalaristokratischen Standpunkts (Bild 9, S. 92 f.) und in der Zeitschelte des Inquisitors (Bild 12, S. 107–109). Dagegen steht Andreas verzweifeltes Bekenntnis in der Stunde von Galileis Widerspruch (Bild 13, S. 113). Die längste Rede – Brecht hat selbstkritisch von einem »Leitartikel« gesprochen (*Arbeitsjournal 1948*, S. 407, zitiert nach: Hallet, S. 27) – hält Galilei im vierzehnten Bild (S. 126–128).

Ganz anderer Art ist die routiniert geheuchelte Festtagsrede Galileis anlässlich der Übergabe des Fernrohrs (Bild 2). Ihr Inhalt steht in ironischem Gegensatz zu seiner Geringschätzung nützlicher Erfindungen als »Schnickschnack« und zu dem, was ihn wirklich beschäftigt (S. 26 ff.). Solche Widersprüche sind für Brecht Knoten in der Textur des Stücks, Aufrauungen, die dem Zuschauer das zu glatte Urteil verderben. Die Bewertung von Galileis Opportunismus muss ebenso sorgfältig erwogen werden wie eine Parteinahme in den anderen vorgeführten Kontroversen.

Die an sich undramatische Rede, der Brecht – für ein Bühnenstück – ungewöhnlich viel Raum gibt, bringt rhetorischen Glanz und ein episches Element ins Geschehen und belegt die Freude des Stückeschreibers am entfalteten Argument.

Rainer Nägele hat eine Strukturanalyse vorgelegt, nach der die Szenen des Stücks einander um die Achse des achten Bilds herum »parallelverschoben« zugeordnet sind. Die Bilder 1 bis 7 repräsentieren dabei die aufsteigende Handlung mit den Etappen Aufstieg, Bewährung und Verbot. In der fallenden Handlung der Bilder 9 bis 15 wiederholen sich diese Etappen unter neuen Voraussetzungen. Die Sonderrolle von Bild 8 sieht Nägele darin, dass im Gespräch zwischen kleinem Mönch und Galilei die Handlung pausiert. Im Austausch zwischen dem Geistlichen aus der Campagna, der auch Physiker ist, und dem volksnahen Physiker, der sich auch als »Sohn der Kirche« versteht – in dieser inneren Verschränkung der Personen also – halte sich der Antagonismus zwischen alter und neuer Ordnung, Wissenschaft und Glauben, Wissenschaft und Macht sowie Wissenschaft und Gesellschaft eine zeitenthobene Weile lang in einer Art Balance.

Diese Deutung kann angezweifelt werden; und Nägele kommt zu anderen als den vorher bezeichneten Beziehungsverhältnissen zwischen den Szenen; aber sein Strukturschema ist anregend und zeugt für die Dichtheit der Brecht'schen Komposition. In Stichwortform lauten die von Nägele gesehenen Parallelbeziehungen: Bild 1 und Bild 9: anfänglicher und neu aufbrechender Forscher-Elan. Bild 2 und Bild 10: die Höhepunkte von Galileis Popularität: hier bei der Obrigkeit von Venedig, dort im Volk. Bild 3 und Bild 11: Vernunft-Credo Galileis und Widerlegung dieser Haltung durch die Inquisition. Bild 4 und Bild 12: Streit um die neue Lehre 1: das ptolemäische Modell zerbricht. Streit um die neue Lehre 2: Die Inquisition setzt sich durch. Bild 5 und Bild 13: Galileis Unerschütterlichkeit trotz der Pest, Angst vor Folter und Widerruf. Bild 6 und Bild 14: Der größte wissenschaftliche Triumph Galileis und seine Schmach. Bild 7 und Bild 15: Die neue Lehre kommt auf den Index; sie ›wandert aus‹.

Das achte Bild ist zudem Gegenstand einer zweiten interessanten Beobachtung: Wolfgang Hallet fiel auf, dass der kleine Mönch und Galilei bei ihren langen Statements in unterschiedlichen Stilen (Diskursen) reden und bezog dies auf Brechts Theatertheorie. Der kleine Mönch erzähle Ihm stehe die Situation seiner Familienangehörigen vor Augen, während er von den Bauern spricht. Einfühlung und Alltagswissen bestimmten seinen Redebeitrag. Galilei dagegen spreche distanziert, aus dem politischen Überblick heraus, rational und analytisch. Hallet sieht darin die Szene gewordene Begegnung von narrativem (erzählendem) und wissenschaftlichem Diskurs, von aristotelischem Einfühlungsstil und nach Erkenntnis suchendem Stil, von vorwissenschaftlich-ptolemäischem alten Denken und neuem Denken. Der kleine Mönch als Vertreter der alten, von Brecht abgelehnten Betrachtungsweise will die Seinen schützen und hält Veränderung für eine Bedrohung. Galilei-Brecht hält das System und die Menschen dagegen für veränderbar; diese Einschätzung liefert Brecht den Impuls für sein antiaristotelisches »Theater im wissenschaftlichen Zeitalter« (BW, Band 16, S. 671). Brechts Ästhetik spiegle sich demnach im achten Bild.

Verfremdung

Das bekannteste Merkmal Brecht'scher Dramaturgie ist die Verfremdungstechnik, der sogenannte V-Effekt (vgl. S. 16 f. dieses Bands). Er stört die Hingabe an den Fluss des Spiels. Aber der V-Effekt kommt in *Leben des Galilei* nur am Rande zum Einsatz. Große Handlungsunterbrechungen, in denen zum Beispiel der Schauspieler aus seiner Rolle tritt, auf den Modellcharakter des Spiels hinweist und alternative Handlungsentscheidungen zur Diskussion stellt, verbieten sich wegen Brechts Wahl des historischen Stoffs. Die Figur des Galilei kann nur begrenzt anders handeln als der historische Galilei: Brecht ist an diese Biographie gebunden. Es wäre ein logischer Widersinn, den Galilei-Darsteller an die Rampe treten und Parallelen zur Gegenwart erörtern zu lassen. Da das Leben des historischen Galilei an sich bereits der Spiegel der Gegenwart ist und Gegenwartsverhältnisse demonstriert, lässt es sich nicht weiter verfremden (Ernst Schumacher).

Die in früheren Stücken bewährte Verfremdung durch Inhaltsvorwegnahmen, die von Szene zu Szene projiziert werden, behält Brecht bei. Sie dienen dem Zweck, die Aufmerksamkeit des Zuschauers vom »Was« der Handlung auf das »Wie« umzulenken. Ist er zum Beispiel in den Bildern 6 oder 13 mit besonderer innerer Anteilnahme an den anstehenden Entscheidungen interessiert, so beugen die Vorwegnahmen echter Spannung vor. – Die Nennung der Jahreszahlen verleiht dem Geschehen chronikartigen Charakter.

Um der (leichten) Verfremdung willen hat Brecht den meisten Szenen in Amerika volkstümlich gereimte und von Eisler vertonte Verse vorangestellt. Trotz der schlichten Sprache sind sie listig, anspielungsreich und pointiert. Die Metaphorik des ersten Gedichtchens etwa – »[s]chien das Licht des Wissens hell [...] aus einem kleinen Haus« (Bild 1, S. 9) – stiftet eine Beziehung zum Stern über dem Stall von Bethlehem, als erschiene mit Galilei nun statt des religiösen ein säkularer Erlöser. In der Pointe »Galilei sah, daß kein Himmel war« (Bild 3, S. 29) ist diese Tendenz fortgeführt. Das »klein Wünschelein« im Spruch vor Bild 7 bezieht sich ironisch auf das Dekret. Einen groben Anachronismus nimmt Brecht am Ende in Kauf, um sicherzustellen, dass der Zuschauer den Bezug zur Wissenschaft der Gegenwart herstellt: Aus der Galilei-Zeit heraus wird auf die Atombombe vorausgewiesen (Bild 15, S. 130).

Wenn in *Leben des Galilei* auch kaum technische V-Effekte vorkommen, so ist doch der Geist der Verfremdung – Brechts innere Überzeugung von der Notwendigkeit eines lehrenden, zeigenden, wissenschaftlichen Theaters – im Stück allgegenwärtig. Die Grundidee der Verfremdung entsprang dem Bedürfnis nach einem neuen Sehen. Das Gewohnte, Altvertraute sollte neu, mit einem gleichsam fremden, prüfenden Blick angeschaut werden; das Selbstverständliche sollte nicht einfach als selbstverständlich hingenommen werden; man sollte entdecken, dass es sich verändern lässt. Das neue Sehen entbindet aus sich die Möglichkeit zur Revolution.

Der späte Brecht erläuterte hierzu: »Für mich bedeutet Verfremdung nur, daß man auf der Bühne nichts ›selbstverständlich‹ sein lässt« (BW, Band 16, S. 910). Das Vorbild für ein solches Sehen aber fand er in Galileo Galilei selbst:

> Damit all das viele Gegebene ihm [dem Menschen] als ebensoviel Zweifelhaftes erscheinen könnte, müßte er jenen fremden Blick entwickeln, mit dem der große Galilei einen ins Pendeln gekommenen Kronleuchter betrachtete. Den verwunderten diese Schwingungen, als hätte er sie so nicht erwartet und verstünde es nicht von ihnen, wodurch er dann auf die Gesetzmäßigkeiten kam. Diesen Blick, so schwierig wie produktiv, muß das Theater mit seinen Abbildungen provozieren. Es muß sein Publikum wundern machen, und dies geschieht mittels einer Technik der Verfremdungen des Vertrauten. (*Kleines Organon*, BW, Band 16, S. 681 f.)

Der fremde Blick lässt sich systematisieren. Er wird zur Methode der experimentellen Naturwissenschaft. Indem der Leser besonders in den Szenen 1, 3 und 9 dem Lehrer Galilei folgt und seinen Demonstrationen (Bilder 1 und 3) und Experimenten (Bild 9) zuschaut, wird er Zeuge eben der Haltung, die durch die Jahrhunderte hindurch die wissenschaftliche und die künstlerische Kreativität hervorgebracht hat. Dem Theatermann Brecht ist das Verfahren Galileis zum Muster geworden. Er benötigt keine verfremdenden Manipulationen, weil im *Galilei* das neue Sehen bereits Teil des Inhalts ist.

2 Figuren

Da es Brecht in erster Linie nicht um das Schicksal eines Helden, sondern um die Veränderbarkeit der Gesellschaft geht, und da Veränderung aus der dialektischen Beziehung zwischen gesellschaftlichen Bedingungen und individuellem Impuls entsteht, sind die Figuren, die Galilei im Stück umgeben, bei all ihren individuellen Eigenschaften doch vor allem Vertreter ihrer gesellschaftlichen Interessen. Repräsentanten einer alten Zeit stehen denen der neuen Zeit antagonistisch gegenüber. Vertreter der Kirche, der aristotelischen Lehre und des feudalen Landadels stemmen sich mit den ihnen verfügbaren Machtmitteln gegen den Geist der Aufklärung und der kopernikanischen Lehre, während das pragmatische Bürgertum der norditalienischen Stadtrepubliken den wissenschaftlichen Fortschritt bejaht: Wirtschaft und Handel profitieren von ihm.

Die Vertreter der Kirche

Die Kirche ist im *Galilei* vor allem politische Instanz. Sie ist die Obrigkeit, die gibt und nimmt. Barberini vergleicht sie mit der römischen Wölfin, die die Menschenkinder nährt und schützt und dafür ihren Tribut fordert (Bild 7, S. 69). Das vom ersten Bild an gegenwärtige Motiv der Milch und der Milchrechnung erhält mit dem Gleichnis vom säugenden Raubtier eine wenig anheimelnde Nebenbedeutung. Da die Stätten der Wissenschaft im Mittelalter die Klöster waren und die Theologie sich als Mutter der Wissenschaften verstand, kann Barberini diese zudem mit einigem Recht »die legitime und höchst geliebte Tochter der Kirche« nennen (Bild 7, S. 72).

Brecht entfaltet die geistige Position der Kirche anhand eines vielfältigen Spektrums von Figuren, um ein differenziertes und realistisches Bild davon zu geben, dass es kein

Kinderspiel ist, sich von eingewurzelten Denkgewohnheiten und Inhalten zu lösen. Ihm lag ferner daran, dass der Gegenwartsbezug der dargestellten historischen Machtkonstellationen deutlich werde. Die Geistlichen sollten daher nicht karikiert oder verfremdet – etwa von Frauen gespielt – werden.

Unbestechlich wissenschaftlich urteilt der Jesuit, Mathematiker und Astronom Christopher Clavius. Er vermag die seinem Glauben unbequemen Ergebnisse Galileis öffentlich zu bestätigen (Bild 6).

Die Kardinäle Bellarmin und Barberini dagegen sind Kirchenfürsten, wie sie die Renaissance hervorgebracht hat, elegante Aristokraten von überlegener, spielerischer Geistigkeit, die intellektuelle wie irdische Genüsse gleichermaßen zu schätzen wissen. Während des Balles (Bild 7) lauschen sie Versen über Schönheit und Vergänglichkeit (S. 67), Barberini ist ein bedeutender Kunstsammler (Bild 12), und er ist Naturwissenschaftler.

Da der Ball im Zeichen des Karnevals und der Maske steht, bietet er eine gute Gelegenheit, die zynische Doppelbödigkeit der beiden hohen Herren zu erleben. Die Masken von Lamm und Taube – von christlicher Demut, Opferbereitschaft und Friedfertigkeit – sind beinahe frivole Hinweise darauf, dass das wahre Wesen ihrer Träger ein ganz anderes ist. Ihr geistliches Gebaren ist Rollenverhalten, einer *political correctness* gezollt, die ihnen ihre Karriere und gleichzeitig eine überraschende Freiheit des Denkens gestattet. Dem verwirrten Galilei vertraut Bellarmin an, dass er nicht unbedingt an das, was er predigt, glaubt. Gott ist ihm ein staatskluges, patriarchalisch-fürsorgliches Konstrukt zur Beschwichtigung der Massen (Bild 7, S. 70), eine Ideologie also entsprechend dem vieldeutigen Satz Barberinis, dass man Gott erfinden müsste, wenn es ihn nicht gäbe (S. 72). Brecht hat diesen Satz bei Voltaire gefunden, aber ein Kirchenfürst des 17. Jahrhunderts könnte ihn ebenso gesprochen haben. Beide Herren warnen Galilei. Sie bedauern die Einfalt, mit der er mit der Wahrheit herausrückt, statt sich nach ihrem Vorbild – als braver Schulmeister (S. 72) – diplomatisch zu tarnen; denn trotz ihres Machtinstinkts sind sie liberal und ihm wohlgesonnen. Als Barberini Papst wird, glaubt Galilei seiner Freundschaft und Gunst gewiss sein zu können.

Redlich und dennoch in sich zerrissen ist dagegen der Bauernsohn, Mönch und Physiker Fulganzio. In ihm überschneiden sich Glauben und Wissenschaft, Gemüt und Verstand und alte und neue Zeit. Ihn leitet weder politisches Kalkül noch kühle Logik, sondern das Erbarmen mit den Armen, die Trost im Glauben finden. Er glaubt das Dekret als weise rechtfertigen zu müssen, da es unterbindet, was den Glauben zerstören könnte (Bild 8). Dennoch setzt sich die wissenschaftliche Neugier in ihm durch (Bild 8, S. 81), sodass er zu Galileis Schüler und Mitarbeiter wird. Als Galilei sich nach langem Zögern in die Untersuchung der Sonnenflecken einschaltet, ist es gerade der kleine Mönch, der jubelt: »Da ist Glückseligkeit im Zweifeln« (Bild 9, S. 86). Nach dem Widerruf kehrt er – überraschend ummotiviert – »in den Schoß der Kirche« zurück (Bild 14, S. 122), statt sich etwa für die technische Verbesserung der Landarbeit zu engagieren.

Clavius und der kleine Mönch sind Physiker. Die beiden großen Kardinäle wollen die Macht der Kirche auch angesichts des nicht aufzuhaltenden Projekts der Moderne bewahren. Den entgegengesetzten Pol im geistigen Ringen um alte und neue Welt illustriert die Gruppe der Geistlichen, die in Bild 6 im Vorzimmer auf das Urteil des Clavius warten. Bei Proben fand Brecht es aber passend, dass Galilei den sehr alten Kardinal mit Mitleid betrachtet, denn er verkörpert die Baufälligkeit (vgl. Bild 1, S. 23) des alten Systems: diese in sich erhabene Welt, die zusammenbrechen muss.

Auf der äußersten Rechten steht seine Eminenz, der Kardinal Inquisitor. Da Galilei der anerkannte Repräsentant der neuen Zeit ist (vgl. Vannis entsprechende Äußerung in Bild 11), darf man als Leser erwarten, dass der Antagonismus zwischen alter und neuer Zeit im Laufe des Schauspiels zur Konfrontation zwischen beiden führen wird: Im Zenit des dramatischen Geschehens muss es nach den Regeln der Gattung zur *Duellszene*, zum offenem Kräftemessen zwischen den Gegenspielern kommen. Aber Brecht versagt dem Leser oder Zuschauer die erwartete Szene aus gutem Grund (vgl. S. 113 dieses Bands).

Seit der ersten Erwähnung Giordano Brunos im ersten Bild, noch in Padua, war die zunächst potenzielle Gefahr der Inquisition gegenwärtig. Intensiv warnt Sagredo vor ihr (Bild 3). Bald darauf streicht die Gestalt des Kardinal Inquisitors unheimlich durch die Szenen, streift Galilei nach der Bestätigung seiner Forschungen durch Clavius fast im Türrahmen (Bild 6, S. 65), erscheint, als Galilei eben abgegangen ist, um das Protokoll über die Verlesung des Dekrets zu prüfen (Bild 7, S. 73), kommt die Treppe im Palast des Großherzogs von Florenz herab, als Galilei sie hinaufsteigt (Bild 11, S. 105): Galilei und der Kardinal scheinen sich ständig auf entgegengesetzter Bahn zu bewegen; aber er ist auf dem Radarschirm der Inquisition. Der Kardinal Inquisitor operiert hinter Galileis Rücken als kalter Techniker der Macht. Barberini und Bellarmin müssen als seine Handlanger das Dekret verlesen (Bild 7); er manipuliert Galileis Kind und vermint sein Haus mit Spionen (ebenda); hinter geschlossenen Türen setzt er erst in Florenz (Bild 11) und dann im Vatikan (Bild 12) die Auslieferung des Wissenschaftlers durch. Zuletzt stehen sich nicht Galilei und der Inquisitor Auge in Auge gegenüber, sondern der Papst, das nominelle Oberhaupt der Kirche, und der Kardinal, der ihn bezwingt. Bevor Galilei widerruft, hat ihn sein Gegner im Zentrum der Macht bereits besiegt.

Der Inquisitor bleibt namenlos. Er ist kein Charakter, sondern eine Instanz: der Kopf eines verzweigten Behördenapparats, der mit seinen Geheimdiensten in fast kafkaesker Weise im Verborgenen agiert. Es entspricht Brechts Intention, dass sich dem Leser oder Zuschauer Parallelen zur Gestapo (Geheimen Staatspolizei) des Dritten Reichs und zu anderen staatlichen Geheimdiensten aufdrängen.

Die Hofgelehrten

So grotesk es wirkt, dass ein Philosoph und ein Mathematiker von Ruf neben dem Teleskop stehen und reden, statt hindurchzuschauen (Bild 4), so treffend charakterisiert diese Situation doch die wissenschaftliche Methode der alten Zeit. Galilei hat es mit Schriftgelehrten und Rhetorikern zu tun, mit einem Gelehrtentypus, der nicht unbefangen und selbstständig denkt, sondern sich – wie die Pharisäer im alten Jerusalem – auf die Auslegung der kanonischen Bücher versteht. Die Hofgelehrten sind die Hüter der rechten Lehre. Gepflegt wird der Disput. Als Maßstab dient das Wissen und die argumentative Brillanz. Ein Himmelsphänomen kann nicht einfach zur Kenntnis genommen, sondern es muss begründet und in seinen Folgen erläutert werden. Wenn die Schrift dagegen spricht, wird nicht die Schrift bezweifelt, sondern das Phänomen oder – im konkreten Fall – Galileis Ehrlichkeit. Auch Galilei hatte an einer aristotelisch geprägten Universität studiert, konnte sich aber aus den dort herrschenden Denkfesseln befreien. Barberini und Bellarmin kommen aus derselben geistigen Schule und lieben den rhetorischen Glanz (Bild 7), sind aber weniger engstirnig als die Florentiner.

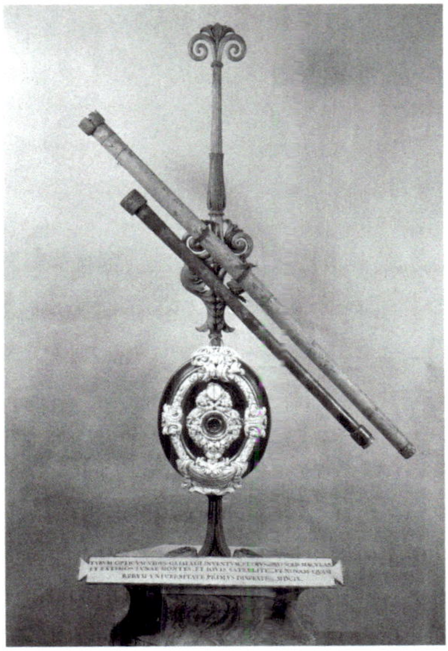

Teleskope Galileo Galileis. Museo di Fisica e Storia Naturale, Florenz.

Ludovico Marsili

Ludovico ist zweimal der schlichte Überbringer von Nachrichten, die, für ihn unvorhersehbar, große Folgen zeitigen. Er berichtet von den Linsen der Holländer (Bild 1) und spielt damit Galilei das Instrument in die Hand, das zu den großen Entdeckungen führt. Die Nachricht, dass der alte Papst im Sterben liege (Bild 9), löst abermals aus, was er nicht bezweckte: Galilei wendet sich wieder der Astronomie zu, was wiederum zum Bruch zwischen Galilei und ihm und zum Unglück Virginias führt.

Brecht scheint diese Figur mit einer gewissen unfreiwilligen Komik versehen zu haben. Dazu passt, dass Ludovico auf Geheiß seiner Mutter – also fremdbestimmt – um Unterweisung in Physik nachsucht, obgleich er sich eher für Pferde als für die Wissenschaft interessiert (Bild 1). Für Virginia ist er nichtsdestoweniger ein Glück und eine gute Partie.

Die Rolle des harmlosen, nicht ganz ernst zu nehmenden jungen Mannes hat Brecht in der amerikanischen Fassung, in der es ihm um die Verdeutlichung der gesellschaftspolitischen Dimension seines *Galilei* ging, mit ungeheurem Gewicht aufgeladen. Ludovico hat nun das Bild eines denkbar abstoßenden Feudalherrn zu liefern. Neben der politischen Obrigkeit der Kirche und der Autorität eines erstarrten Wissenschaftsbetriebs vertritt er als Einziger die konservative gesellschaftliche Elite und macht dabei hinreichend deutlich, dass seine Leute unmittelbar Einfluss auf die Politik der Kurie nehmen können: »Sollte Seine Heiligkeit sterben, Herr Galilei, wird der nächste Papst, wer immer er sein wird und wie groß immer seine Liebe zu den Wissenschaften sein mag, doch auch beachten müssen, wie groß die Liebe ist, welche die vornehmsten Familien des Landes zu ihm fühlen.« (Bild 9, S. 91 f.)

Unverhohlen – in einem übrigens alles andere als einfältigen Satz – droht er Galilei also und deutet an, dass der große Mann die Missachtung des Dekrets nicht lange überleben wird (S. 93). Lächerlicherweise spricht er aber noch immer im Namen seiner Mutter, denn sie hat dem jungen Paar eine achtjährige Verlobungszeit auferlegt, um sicherzugehen, dass Galilei dem Dekret tatsächlich dauerhaft Gehorsam leistet. Als ihr Sprachrohr muss Ludovico das Ultimatum stellen: Heirat nur bei völliger Abstinenz Galileis in der Frage der Sonnenflecken.

Ludovico ist der Antipode des kleinen Mönchs, der sich den Bauern verbunden fühlt. Für die großen Familien des Landes sind die Bauern nicht Menschen, sondern »Tiere« (Bild 9, S. 93), die mit der Zuchtrute – und der Religion – gebändigt werden müssen, damit man den benötigten Ertrag aus ihrer Arbeit herauspressen kann. Auf dem Feld ist der Gutsherr eine Art Sklavenhalter, mit ihrem Lebenswandel und ihrer Präsenz im Kirchenstuhl stehen er und seine Gemahlin öffentlich für die Unumstößlichkeit des Systems ein. Zynisch hatte bereits Bellarmin in einem einzigen Satz auf die Lage der Bauern hingewiesen, die in ihrer unsäglichen Verwahrlosung nicht einmal realisieren, dass sie ihren Ausbeutern gleichsam die Füße küssen (Bild 7, S. 70). Ludovico bestätigt dieses Bild ohne alle Skrupel. Galilei spricht aus, was er denkt: Die neuen Erkenntnisse könnten zur Lunte an der auf Ausbeutung gegründeten Ständeordnung (für Brecht: der vorrevolutionären Klassengesellschaft) werden.

Dramaturgisch tragen die breiten Ausführungen Ludovicos im neunten Bild mit dazu bei, Galileis schwere Selbstbezichtigungen in Bild 14 zu motivieren. Angesichts der nachträglichen Umzeichnung und Funktionalisierung der Figur ist aber psychologisch nicht mehr recht glaubwürdig, dass Virginia und ihr Vater acht Jahre lang den arroganten Menschenschinder in Ludovico nicht durchschaut haben sollen.

Die Vertreter des städtischen Bürgertums

In den wirtschaftlich aufstrebenden Stadtstaaten Norditaliens herrscht ein liberalerer Geist. Das sich hier herausbildende Bürgertum, interessiert an Handelsbeziehungen in alle Welt, denkt eher praktisch als ideologisch. Der Kurator Priuli (Bilder 1 bis 3), der sich rühmt, dass in Padua sogar Protestanten zum Studium zugelassen sind, vertritt venezianische Interessen und möchte den bedeutenden Gelehrten halten, aber Galilei geht nach Florenz. Im elften Bild kommt es zu einer ähnlichen Situation, diesmal in umgekehrter Richtung und mit noch schwerwiegenderen Folgen: Der Eisengießer Vanni will Galilei zur Flucht zurück nach Venedig verhelfen, aber Galilei lehnt ab (Bild 11, S. 103 f.).

Vanni ist ein klassenbewusster, umtriebiger, gut informierter Mann, der für viele spricht. In gedrängter Rede lässt Brecht ihn skizzieren, was neu ist in der Welt: Geldmärkte, Gewerbeschulen, Zeitungen, wissenschaftliche Beiträge zur Verbesserung der Infrastruktur und Landwirtschaft und generell freie Forschung, sodass die Rückständigkeit von Florenz krass dagegen absticht. »Hinter Ihnen stehen die oberitalienischen Städte«, versichert er Galilei (S. 104). Galilei ist für ihn »der Mann, der für die Freiheit kämpft, neue Dinge lehren zu dürfen« (S. 103). Es geht Vanni nicht um Fachspezifisches, sondern um diese Grundhaltung. Der Zuschauer soll begreifen, dass Galilei nicht nur um seiner persönlichen Sicherheit willen aus dem direkten Einflussbereich Roms herausmuss, sondern dass er auch ideell an die Seite der produzierenden Klasse gehört. Es wird zu einem Gebot der Moral, dass er sein Können den Trägern und Ingenieuren des bürgerlichen Fortschritts zur Verfügung stellt und ihren politischen Kampf gegen die alten Mächte, die »Schwarzröcke«, wie Vanni sie nennt (S. 104), unterstützt. Galilei sprach bereits im ersten Bild von der »Zugluft« und Mobilität, die das neue kritische Denken auch in die gesellschaftlichen Verhältnisse bringen werde (S. 11 f.). Nun bestätigen Vannis Worte, dass die politische Relevanz der Wissenschaft von weiten Kreisen begriffen wurde.

Wie die Rede Ludovicos hat Brecht auch den Dialog mit Vanni nachträglich, im Zuge seiner eigenen Umdeutung des Stücks, eingefügt. In diesem Gespräch liegt der Schlüssel für Galileis späteren Selbstvorwurf, sich der Menge verweigert zu haben.

Galileis Mitarbeiter

Galileis enge und ständige Mitarbeiter, Andrea, Federzoni und der kleine Mönch, kommen bezeichnenderweise aus dem Volk. Der große Mann setzt auf ihre unverbildete Intelligenz und unvoreingenommene Neugier. Als Letzter war der kleine Mönch zu diesem Team gestoßen (vgl. seine Charakterisierung auf S. 70 dieses Bands). Galilei hält auch weiter die

Verbindung zu seinem alten akademischen Freund Sagredo in Padua (vgl. Bild 11, S. 105), aber diese drei hat er sich persönlich herangezogen.

Andrea entzückte Galilei schon als Kind mit seinen unvoreingenommenen Fragen; es amüsierte ihn, dass er den Apfel, der ihm die Rotation der Erde ›bewiesen‹ hatte, wie einen Apfel vom Baum der Erkenntnis verwahrte (Bild 1, S. 23). Vertrauen, Nähe und eine Warmherzigkeit wie zwischen Vater und Sohn hat sich zwischen den beiden entwickelt. Nicht nur auf dem Feld der Physik wird Andrea Galileis gelehrigster Schüler, sondern auch auf dem der wissenschaftlichen Ethik. In jugendlicher Radikalität wendet er sich zwar nach dem Widerruf von Galilei ab wie von einem Feind, aber am Ende verteidigt er ihn gegen sich selbst und führt dazu alle die Beispiele und Sentenzen an, die ihm aus der langen Zeit der Zusammenarbeit genau in Erinnerung geblieben sind (Bild 14, S. 124–126). Er hat sich mit seinem Vorbild identifiziert. Bereits als Knabe ahmte er ihn als Lehrer nach, etwa als er Cosmo de Medici das neue Weltbild zu erklären versuchte; ihn kränkte und verbitterte die Ignoranz der Hofgelehrten, da sie Galilei kränkte (Bild 4). In Bild 9 stellt sich heraus, dass er auf eigene Faust bereits Beobachtungen zu den Sonnenflecken angestellt hat. Er und Federzoni drängen Galilei, trotz des Dekrets diesem brennenden Problem zu Leibe zu rücken (S. 86). Als Galilei endlich einwilligt, legt Brecht Andrea das legendäre Galilei-Wort »Und sie bewegt sich doch« *(Eppur si muove)* als Liedzeile in den Mund (S. 90). Wenig später spotten Andrea und Federzoni, die Kinder des Volkes, übermütig dem Aristokraten Ludovico hinterher, er und seinesgleichen hätten wohl Angst, dass ihre Schlösser von der Erde purzeln könnten, wenn die Erde nicht länger stillstehe (S. 94). Auch sie sind sich demnach der sozialrevolutionären Sprengkraft der neuen Lehre bewusst.

Mit Andrea beginnt und schließt das Drama, denn am Ende tritt er, mit den *Discorsi* in der Hand, Galileis Erbe an.

Galilei ist davon überzeugt, Kreativität, Furchtlosigkeit und »die hohe Neugierde« (Bild 4, S. 52) der Antike am ehesten bei solchen Menschen finden zu können, die mit den Händen arbeiten. Als Chefingenieur in den großen Werften (den Arsenalen) und Artilleriezeughäusern von Venedig hat ihn der praktische Verstand der Konstrukteure, Techniker, Zeichner und Seefahrer beeindruckt, und er war sich nicht zu gut, von ihnen zu lernen (Bild 1, S. 22); und so schätzt und verteidigt er auch den Linsenschleifer Federzoni und bindet ihn an sich. Den Hofgelehrten stellt er ihn als seinen »Kollege[n]« vor und bittet darum, mit Rücksicht auf ihn auf Italienisch zu disputieren (Bild 4, S. 47). Andrea bezeichnet ihn sogar als »Gelehrte[n]« (ebenda). Federzoni ist selbstbewusst, mischt sich ein und regt aktuellere Schulbücher an (Bild 4, S. 50). Er ist es, der Galilei auf die Idee bringt, künftig seine Bücher in der Landessprache zu verfassen (Bild 9, S. 93 f.). Zur Solidarität zwischen Galilei und Federzoni passt allerdings die Häme schlecht, mit der jener am Ende quittiert, dass dieser wieder Linsen schleift (Bild 14, S. 122).

Die beiden Frauen

Virginia ist Galileis leibliche Tochter; aber auch Frau Sarti und Andrea gehören in einem weiter gefassten Sinn zur Familie des großen Forschers.

Frau Sarti besitzt den gesunden Menschenverstand des Volkes, so wie Brecht es versteht (und lange idealisiert hat). Sie ist praktisch und rau, aber herzlich, hat Mutterwitz und keinerlei Hemmung, mit Galilei zu schelten, wenn er in ihren Augen unvernünftig handelt. Sie hält das Geld zusammen (Bild 1). Schnell begreift sie, dass Ludovicos römische Neuigkeiten Virginias Unglück bedeuten. Sie hat gegenüber Virginia die Mutterstelle angenommen, kümmert sich um ihre Aussteuer und beschwört Galilei, nicht auf dem Glück seiner Tochter »herumzutrampeln« (Bild 9, S. 92).

Frau Sarti ist ebenso fromm wie abergläubisch, empfiehlt (und dies im Haus des größten Astronomen Italiens) Virginia den Gang zu einem Astrologen (»einem richtigen Astronomen«, Bild 9, S. 84), nimmt sie zu ihren regelmäßigen Kirchgängen mit und zündet Kerzen gegen das Unheil der Welt an. Ketzerhafte Äußerungen und das ironische Lachen Galileis machen ihr Sorge und Angst; für sie ist es »lauter unheiliges Zeug« (Bild 1, S. 14), »Teufelszeug« (Bild 9, S. 90) und Sünde, was ihr Dienstherr treibt und ihrem Sohn beigebracht hat. Sie misstraut ihm grundsätzlich, ist aber dennoch loyal und riskiert sogar um seinetwillen ihr eigenes Leben: Als die Pest in Florenz wütet, Galilei sich jedoch nicht entschließen kann, seine Forschungen im Stich zu lassen, bleibt auch sie: »Aber wer soll Ihnen Ihr Essen hinstellen?« (Bild 5, S. 55)

Aus Frau Sarti spricht das Volk. Brecht hat ihr eine eigene, herzhaft-derbe, unverblümte Sprache gegeben, deren kräftige Bilder aus der Alltagserfahrung gewonnen sind. Als Charakterstudie überzeugt die Figur der Frau Sarti besonders darum, weil sie trotz ihrer Kirchentreue keinerlei Talent zu Fanatismus oder auch nur zu Konsequenz hat. Sie weiß, dass sie immer wieder gegen ihre Prinzipien verstößt und ›unvernünftig‹ handelt (wie während der Pest), und tut es dennoch, weil keine Autorität ihre Menschlichkeit brechen kann, nicht die der Kirche und nicht die des Hausherrn. Sie ist nicht instrumentalisierbar wie Galileis Tochter. Auch als Galilei Mucius aus dem Haus jagt, begreift allein Frau Sarti, dass hier ein armer Teufel zu hart angefasst wurde: Er tut ihr leid (Bild 9, S. 84). Von der Warte dieser Frau aus gesehen erscheint Galilei weltfremd und oft zu hart.

Virginia, die einzige andere Frau im Vordergrund des personenreichen Stücks, bleibt im Vergleich mit Frau Sarti eine eher blasse Gestalt. Sie ist ein wenig ein Dummchen und ein Gänschen. Sie »braucht wirklich bald eine Aussteuer, sie ist nicht intelligent«, befindet ihr Vater, als sie fünfzehn ist (Bild 3, S. 33). Virginia ist ein wenig eitel. Sie legt Wert darauf, als Ehrenjungfrau bei der Zeremonie der Fernrohr-Übergabe alles richtig gemacht zu haben (Bild 2, S. 28), und strahlt, als sie hört, dass ihr Vater Hofmathematiker in Florenz zu werden hofft, denn sie denkt dabei einzig an den Glanz höfischer Feste (Bild 3, S. 39). Später genießt sie die Prominenz ihres Vaters und den Ball in Rom und freut sich auf ihre Hochzeit. Galilei unternimmt nichts zu ihrer Bildung und Aufklärung, sodass der Inquisitor angesichts ihrer Unwissenheit erstaunt bemerkt: »Im Haus des Fischers ißt man nicht Fisch, wie?« (Bild 7, S. 74) Ohne zu merken, dass sie lediglich benutzt wird, wird sie das willfährige Instrument der Inquisition.

Als nach achtjähriger Verlobungszeit ihr irdisches Glück durch den Konflikt zwischen ihrem Vater und ihrem Bräutigam, die beide keine Rücksicht auf sie nehmen, zerstört ist, bleibt ihr nur noch die Sorge um ihr eigenes Seelenheil und um das ihres Vaters (Bild 13, S. 114; Bild 14, S. 128). Sie wird zur frömmlerischen Haushälterin, Pflegerin und Bewacherin des greisen Mannes, der sie trotz seiner schwachen Augen und seines gebrechlichen Zustandes immer noch auszutricksen versteht: Früher schickte er sie in die Messe, nun schickt er sie in die Küche, um Andrea das Wesentliche sagen zu können (Bild 14, S. 122).

Das Schicksal der schlichten Virginia ist es, im Schatten eines großen Vaters zu stehen. Ihr trauriges Leben hat aber auch sozialkritische Deutungen auf den Plan gerufen, denen zufolge in Zeiten der Klassenkämpfe das persönliche, private Glück notwendig auf der Strecke bleibt.

Galilei

Mit der Ausformung der Titelfigur hat Brecht die Weltliteratur um eine der grandiosesten, in ihrer Komplexität mehrdeutigsten Gestalten bereichert. Gerade die Fülle ihrer miteinander im Streit liegenden Lebensäußerungen macht sie menschlich glaubwürdig. »Die Einheit der Figur wird nämlich durch die Art gebildet, in der sich ihre einzelnen Eigenschaften widersprechen«, erläuterte Brecht mit Blick auf Galilei im *Kleinen Organon*; Widersprüchlichkeit gilt ihm als Qualitätsmerkmal (BW, Band 16, S. 683). Da diese aus Widersprüchen sich konstituierende Einheit auch für das ganze Schauspiel gilt, kann man sogar sagen, dass der Aufbau der Hauptfigur im Kleinen und der Aufbau des Stücks im Großen sich wie Mikro- und Makrokosmos zueinander verhalten.

Galilei ist kein Stubengelehrter mit zarten Händen, sondern trotz schwindelerregender Intellektualität ein blutvoller, dem Leben und der Praxis zugewandter Mann von lebhaftem Temperament. Es schätzt die Arbeit der Praktiker einerseits (Bild 1, S. 22), andererseits bewegen ihn hochfliegende Spekulationen; oder er vertieft sich so zäh und geduldig in die mathematische Überprüfung und Durcharbeitung seiner Entdeckungen, dass er die Gefahr einer Pestinfektion dafür in Kauf nimmt (Bild 5). Seine Persönlichkeit reicht vom festen Boden unter seinen Füßen bis zu den Sternen, von der materiellen Lebensgrundlage bis zum geistigen Durchbruch ins offene Universum und von kreatürlicher Todesfurcht bis zur Freiheit und Kühnheit des neuen Sehens. Er ist volkstümlich und zugleich eine überragende wissenschaftliche Kapazität.

Sobald sich der Vorhang öffnet, wird die Gleichzeitigkeit von Körper und Geist erlebbar: »*prustend und fröhlich*« wäscht sich Galilei an diesem hellen Morgen und unterrichtet währenddessen ebenso fröhlich Andrea, der ihm Milch und einen Wecken bringt. Vom Milchmann und dem Gerichtsvollzieher führt der Gedanke in wenigen Sätzen zur Geometrie, zu den Sternentafeln, zum Astrolab (S. 9) und zur Perspektive auf eine neue Zeit. Die Lust zu leben und die Lust zu denken, symbolisiert in Milch und Buch, sind für Galilei eins. »Er denkt aus Sinnlichkeit.« (Bild 12, S. 110) Doch wird gelegentlich die Sinnlichkeit (die Sensualität) der Figur überbetont, wenn die Linie von den »Fleischtöpfe[n]« (Bild 3, S. 39) über das provokante Lob des Weins (Bild 9, S. 89 f.) bis zu den fetten Gänsen des vierzehnten Bilds gezogen und Andreas Beschimpfung seines Lehrers als »Weinschlauch! Schneckenfresser!« (Bild 13, S. 115) für treffend gehalten wird; aus solcher Sicht ist Galileis Genussfreudigkeit seine entscheidende Schwäche. Übersehen wird, dass Andrea im Affekt spricht und dabei entkoppelt, was zusammengehört: »Ich brauche Beweise. Und ich will die Fleischtöpfe«, erklärt Galilei in Bild 3 (S. 39). Die fetten Gänse bilden das natürliche Gegenstück zum vollendeten Hauptwerk, den *Discorsi,* auch wenn Galilei Andrea am Ende um ihretwillen verblüffend knapp verabschiedet (Bild 14, S. 128). Und der Wein schmeckt am besten im Moment des beschwingten Beginns einer neuen Forschungsserie: »Das Wissen wird eine Leidenschaft sein und die Forschung eine Wollust. Clavius hat recht, diese Sonnenflecken interessieren mich. Schmeckt dir mein Wein, Ludovico?« (Bild 9, S. 90)

In vielen weiteren Aussagen sind sinnliche Ausdrücke wie Leidenschaft, Wollust, Lust oder Vergnügen mit solchen für geistige Arbeit – Zweifeln, Denken, Wissen, Vernunft – zum dialektischen Paar verbunden (vgl. S. 11, 90, 110); und Galilei scheut sich nicht, das Denken als seine »Sucht« und ein »Laster« zu bezeichnen (Bild 14, S. 123, und Bild 8, S. 81). Man darf als Leser aber auch der Ansicht sein, dass der Mensch von Natur aus wissen will und dass solche Wissbegierde, in der großen Forscherpersönlichkeit zur lebensbeherrschenden

Charles Laughton in Joseph Loseys und Brechts Inszenierung des Stücks (Maxine Elliott's Theatre New York, Dezember 1947).

Obsession gesteigert, auch ihre asketische Seite jenseits der Fleischtöpfe und des leiblichen Wohlergehens hat. »Ich muß es wissen«, sagt Galilei – vielleicht unerbittlich, vielleicht aber auch ganz hilflos – zu seiner Tochter hin und auch zu sich selbst, als Ludovico gegangen ist (Bild 9, S. 96). Er riskiert alles dafür. Dem kleinen Mönch vertraut er an: »Ich denke manchmal: ich ließe mich zehn Klafter unter der Erde in einen Kerker einsperren, […], wenn ich dafür erführe, was das ist: Licht« (Bild 8, S. 81); und für die Beobachtung der Sonnenflecken und die Abschrift der *Discorsi* gibt er sein schwindendes Augenlicht. »Ein großer Teil seiner Sinnlichkeit ist geistiger Natur«, notierte Brecht (BW, Band 16, S. 1126). Im Übrigen drückt sich die Verschränkung von Geist und Natur schon umgangssprachlich, in Wortverbindungen wie »neu-gierig«, »wissbegierig«, »Wissens-drang« oder »Forscher-trieb« aus; »Sinn« und »Sinnlichkeit« stehen hier dicht zusammen. Brechts eigene Überzeugung war, dass der Forschertrieb nicht weniger elementar, lustvoll und diktatorisch sei als der Zeugungstrieb. Infolgedessen sei es unzulässig, Galilei entweder nur zu loben oder nur zu verdammen (BW, Band 17, S. 1109). Fast hat es den Anschein, als habe der Autor sich veranlasst gefühlt, seine am Ende hart verdammte Figur, der er doch manchen eigenen Zug verliehen hatte, gegen sich selbst in Schutz zu nehmen.

Galileis Ziel ist der Nachweis, dass Kopernikus recht hat. Aber er wird bei diesem Vorhaben von keinem Stipendium und keiner Forschungsgemeinschaft unterstützt, sondern verzettelt seine Zeit mit Privatstunden. Darum ist er trotz seines Elans »unzufrieden« (Bild 1, S. 22). Um voranzukommen, erlaubt er sich den Coup mit dem Fernrohr. Vielleicht macht es ihn verlegen, als Priuli ihn deswegen beschimpft, denn als Geste der Wiedergutmachung stellt er ihm eine Art Kompass in Aussicht (Bild 3, S. 32). Seinen unterwürfigen Brief nach Florenz rechtfertigt er mit dem Bedürfnis nach ungestörter Zeit für die ihm auf den Nägeln brennende mathematische Ausarbeitung der Beweise: »Ein Mann wie ich kann nur auf dem Bauch kriechend in eine halbwegs würdige Stellung kommen.« (Bild 3, S. 39 f.) Auch vor den Hofgelehrten prostituiert er sich, wenn er sie *»fast unterwürfig«* bittet, doch durch das Rohr schauen zu wollen (Bild 4, S. 50). Am Ende der Zusammenkunft läuft er ihnen servil (ohne Stolz) hinterher (S. 52). Man kann der Ansicht sein, dass die Republik Venedig, die nur für unmittelbar nützliche Erfindungen ordentlich zu bezahlen bereit ist, ihn geradezu zum Plagiat getrieben hat. Galilei durchschaut ihr kapitalistisches Streben als Eigennutz (vgl. Bild 1, S. 21 oben) und hält sich auf seine Weise schadlos. Oder man verbucht die Sache mit dem Fernrohr und dem Brief nach Florenz so, wie Brecht sie in der ersten Fassung gesehen haben wollte: als Schachzüge eines listigen, großen Mannes. Bekannt ist, dass Brecht selbst sich geistiges Eigentum anderer großzügig einverleibte oder anverwandelte: »Ein wenig borgen bei einem oder einigen« (BW, Band 19, S. 411) ist für Brecht eine Art der literarischen Geselligkeit. In der »Keunos«-Parabel und andernorts (in der Erzählung *Der verwundete Sokrates* etwa) hat Brecht zudem zu verstehen gegeben, dass er von Heldentum nichts hält und List und Überlebensklugheit dem heroischen Selbstopfer vorziehe. Und so müsste ihm sogar der Widerruf Galileis tolerabel gewesen sein, denn auch zum Widerruf wird Galilei erpresst: Er fürchtet die Folter. Er widerruft, um am Leben zu bleiben; was hätte er anderes tun können?

Zu Galilei gehören die Freude an der Kommunikation und das Bedürfnis nach Mitarbeitern. Er ist kein einsamer Denker wie Faust in seinem nächtlichen, hochgewölbten gotischen Zimmer, sondern ein begeisterter, sich im Gespräch entzündender und inspirierender Lehrer: Sein Medium ist der Dialog. Fast alle Motive des ersten Bilds, der frühe Morgen, die Lust zu leben, die ins offene Meer sich hinauswagenden Schiffe, das Bewusstsein, an der Schwelle einer neuen Zeit zu stehen, und die Anwesenheit des Kindes als Garant der Zukunft lassen sich wie eine Parodie Brechts auf Goethes anfangs tiefunglücklichen Professor Doktor Faust lesen: als sein optimistisches Gegenbild. So wie Brecht sich mit Schiller anlegte (vgl. S. 16 dieses Bands), so hatte er auch die Stirn, es mit Goethe aufzunehmen.

Die methodologischen Anordnungen Galileis entsprechen moderner wissenschaftlicher Praxis und Brechts Verfahren der Verfremdung:

> Ja, wir werden alles, alles noch einmal in Frage stellen. Und wir werden nicht mit Siebenmeilenstiefeln vorwärtsgehen, sondern im Schneckentempo. Und was wir heute

> finden, werden wir morgen von der Tafel streichen und erst wieder anschreiben, wenn wir es noch einmal gefunden haben. Und was wir zu finden wünschen, das werden wir, gefunden, mit besonderem Mißtrauen ansehen. Also werden wir an die Beobachtung der Sonne herangehen mit dem unerbittlichen Entschluß, den Stillstand der Erde nachzuweisen! Und erst wenn wir gescheitert sind, vollständig und hoffnungslos geschlagen […], werden wir zu fragen anfangen, ob wir nicht doch recht gehabt haben und die Erde sich dreht! (Bild 9, S. 95)

Gleich im ersten Bild wird der Zuschauer Zeuge von Galileis lehrend-fragend-experimentierendem Vorgehen (S. 13 f.). Voll ausgestaltet erscheint diese Arbeitsweise erst in Bild 9, im Versuch mit den schwimmenden Körpern (S. 86 f.), und in der Festlegung des methodischen Wegs zur Erforschung der Sonnenflecken (S. 94 f.). Der in manchen Fragen fast verblendet leichtfertige Galilei geht hier mit penibler wissenschaftlicher Sorgfalt vor. Er zelebriert seine Versuche und genießt sie. Wie der griechische Philosoph Sokrates weiß Galilei, dass er fast nichts weiß und die Physik noch ganz am Anfang steht (vgl. Bild 1, S. 19, und Bild 4, S. 51); und auch seine Methode ist die des Sokrates. Er fragt seine Schüler und wagt eine neue Hypothese, wenn sie in alten Lehrmeinungen befangen bleiben, bis die überkommene Lehre korrigiert ist. Als sie entdecken, dass Aristoteles nie je überprüft wurde, fallen sie in ihr unbändiges Spottgelächter (Bild 9, S. 87 f.). Ganz am Ende flackert in Galilei die alte Lust am Lehrdialog noch einmal auf, als sich – nach mühsamem Gesprächsanfang – eine Spur der alten Vertrautheit zwischen ihm und seinem einstigen Schüler einstellt, als er Andrea wieder beim Vornamen nennt und ihn wie früher auffordert: »Erläutere das, Andrea.« (Bild 14, S. 124)

Die Figuren im Spannungsfeld der Zeit

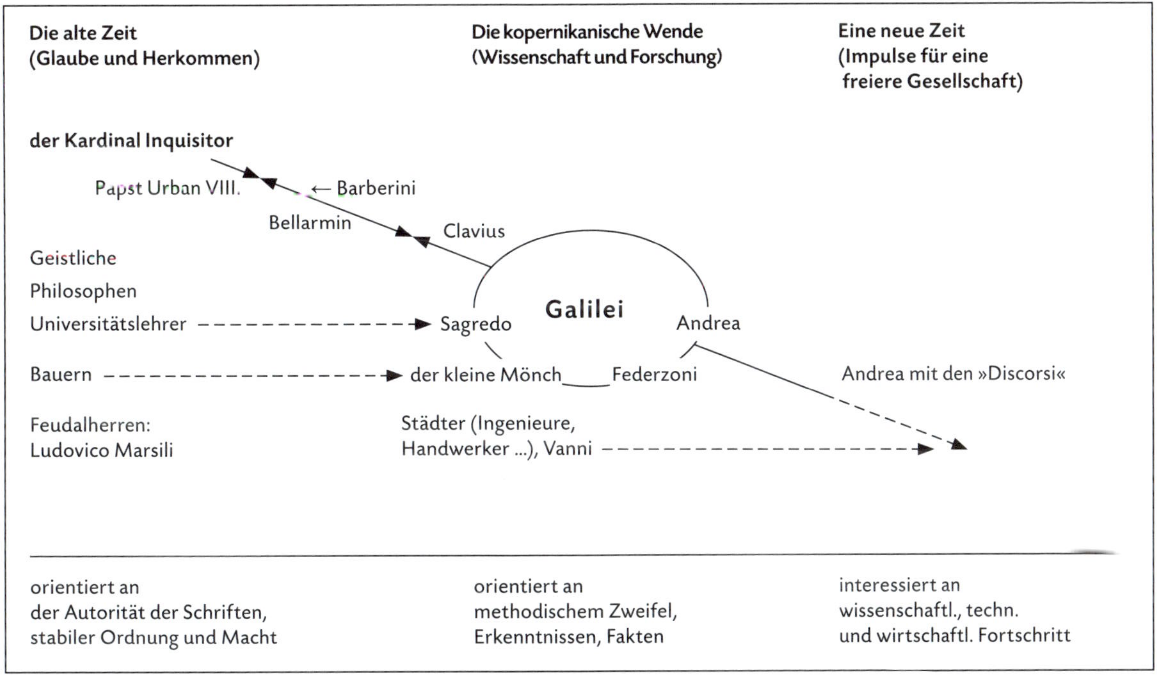

3 Gehalt

Bertolt Brechts *Leben des Galilei* ist ein literarischer Beitrag zur Frage, welche Rolle der Wissenschaft in der Gesellschaft zukommt oder zukommen sollte. Fünfzehn Bilder lang wird diese Frage von allen Seiten beleuchtet; aber Bild 14 fesselt die Brecht-Forschung in besonderem Maße, zahlreiche Interpretationen drehen sich nur um dieses Bild oder gehen von ihm aus, und auch der Autor selbst ist immer wieder auf dessen Bedeutung zurückgekommen. Er hat die vorletzte Szene des Stücks mit dem Argumentationsmaterial für eine Gesamtbeurteilung von Galileis Widerruf und für eine Diskussion über die Rolle der Ethik in der Wissenschaft ausgestattet und vor allem den Text der darin erhobenen Selbstanklage Galileis ab 1944 stark überarbeitet. Zu fragen ist entsprechend nach dem Wissenschaftsbegriff, der im *Leben des Galilei* vor Bild 14 und dann in diesem Bild entwickelt wird.

Das Ethos der reinen Wissenschaft

Naturwissenschaft hat für Galilei die Aufgabe, zur Vermehrung des Wissens beizutragen und das Unwissen zu verringern, das in den Köpfen herrscht. Einziges Gebot seiner wissenschaftlichen Ethik scheint die reine Wahrheit zu sein. Sie wird durch methodischen Zweifel, durch Kritik und prüfendes, Ergebnisse immer neu überprüfendes Forschen gewonnen, bis in einigen wenigen Punkten mehr Sicherheit (Gewissheit) herrscht als zuvor. »Die Wahrheit ist das Kind der Zeit, nicht der Autorität«, entgegnet Galilei den Philosophen. »Unsere Unwissenheit ist unendlich, tragen wir einen Kubikmillimeter ab! […] lassen Sie uns nicht erschütterte Lehren verteidigen!« (Bild 4, S. 51) Abwehrend fragt der Philosoph, wohin dies alles führen soll (ebenda). Ebenso fragt der zweite Astronom in Rom: »Wohin soll das führen?« (Bild 6,

S. 61) Galilei kennt diese Frage nicht: »[A]ls Wissenschaftler haben wir uns nicht zu fragen, wohin die Wahrheit führen mag.« (Bild 4, S. 51; vgl. auch Bild 11, S. 104) Auch Fragen der weltanschaulichen Verantwortung fallen seiner Auffassung nach nicht in den Aufgabenbereich des Wissenschaftlers (vgl. Bild 7, S. 70, und Bild 8); sogar die Verantwortung für sich selbst, für seine Gesundheit und Sicherheit, stellt Galilei – wie die Pestszene zeigt (Bild 5) – hintan, und auch die Fürsorge für die Zukunft seiner Tochter (Bild 9).

Im echten Sinne verantwortlich ist bekanntermaßen der Wissenschaftler stets nur seiner Wissenschaft, ihrer Reinheit und inneren Stärke.

Julius Robert Oppenheimer (zitiert nach Ernst Schumacher, S. 338).

Die reine Wissenschaft, der sich Galilei verschrieben hat, besitzt für ihn neben dem ethischen einen hohen ästhetischen Wert. In ihrer Unbedingtheit und Stringenz ist sie in seinen Augen makellos wie ein Kunstwerk. Wahrheit hat für ihn die Qualität des Schönen. Er kann sie sinnlich genießen. Er erläutert diese Dimension von Mathematik und Physik dem kleinen Mönch, indem er auf eine antike Skulptur im Park der florentinischen Gesandtschaft in Rom hinweist und dazu Verse des Horaz zitiert (Bild 8, S. 80). Der Priap, der in der Skulptur dargestellte kleine obszöne Gott, ist in sich vollendet; er ist darum schön, weil er ohne Lüge oder Willkür das ist, was er ist; in vergleichbarer Weise schrieb Horaz seine Verse, indem er unbeirrbar seinem künstlerischen Sachverstand folgte. Was für die Skulptur und die Verse gilt, gilt entsprechend für die Gesetze der Geometrie oder die neu entdeckten Mondphasen der Venus. Folglich verbietet sich jede Umdeutung oder Leugnung ihrer Gestalt: »Herr, mein Schönheitssinn wird verletzt, wenn die Venus in meinem Weltbild ohne Phasen ist«, sagt Galilei, und: »Die Winkelsumme im Dreieck kann nicht nach den Bedürfnissen der Kurie abgeändert werden.« (Ebenda) Es liegt in der Konsequenz dieser Haltung, dass er den Fachkollegen aus dem Haus wirft, der nach dem Dekret mit Winkelzügen durchzukommen versucht, die Wahrheit also beschmutzt. Er nennt Mucius einen »Verbrecher« (Bild 9, S. 83).

Intensiv strebt Galilei nach Unabhängigkeit im Interesse der Wissenschaft. Auftragsarbeit ist für ihn Zeitvergeudung und »Schnickschnack« (Bild 1, S. 22, und Bild 2, S. 26). Er wirft Priuli vor, dass Venedig ihn ausbeute. Auf derselben Argumentationslinie liegt seine Ablehnung von Vannis Fluchtangebot. Er will sich nicht instrumentalisieren lassen: »Jeder Nächstbeste mit irgendeiner Beschwerde hierzulande wählt mich als seinen Wortführer [...]. Ich habe ein Buch geschrieben über die Mechanik des Universums, das ist alles. Was daraus gemacht oder nicht gemacht wird, geht mich nichts an.« (Bild 11, S. 104)

Auch dem sich allmählich regenden Volk steht Galilei distanziert gegenüber. Seine Verurteilung der Fastnachtsumzüge zeigt, wie wenig Sympathie der volkstümliche Gelehrte den Unruhen der Straße entgegenbringt. Das Volk betrachtet er als unvernünftig, vereinnahmend und gefährlich: »Ja. Gib einem Bär Honig, und du wirst deinen Arm einbüßen, wenn das Vieh Hunger hat!« (S. 104)

Von einiger Bedeutung ist in diesem Zusammenhang die Figur, die das kleinste Rollenbuch hat und doch die ehrenwerteste Persönlichkeit unter den Personen des Stücks darstellt. Der Jesuit, Mathematiker und Astronom Clavius sagt die zwei Wörtchen »Es stimmt« und macht durch sie alle Feinde des großen Galilei mundtot; *»Totenstille«* tritt danach ein (Bild 6, S. 64). Er kann das, weil ihn dasselbe hohe Wissenschaftsethos leitet, dem Galilei folgt; weil er die wissenschaftliche Wahrheit weder religiösen, politischen noch seelsorgerischen Bedürfnissen unterzuordnen oder zu opfern bereit ist. Indem Brecht die Rolle des Clavius in sein Stück einfügt, bekundet er seinen eigenen Respekt vor einer strengen und lauteren wissenschaftlichen Haltung, die sich nur ihrer eigenen Wahrheit verpflichtet sieht.

Aber Galilei, der Anwalt der reinen Wissenschaft und Forschung, bekennt sich dem kleinen Mönch gegenüber (ähnlich wie bereits in Bild 1) zugleich zur sozialen Verantwortung der Wissenschaft. Er plädiert dafür, dass man die Wahrheit »durchsetzen« müsse, und spricht in kriegerischer Metaphorik davon, dass der »Sieg der Vernunft [...] nur der Sieg der Vernünftigen sein« könne (Bild 8, S. 80). Man müsse kämpfen und das Volk aufklären. Anständige Wasserpumpen sollen helfen, die Landarbeit zu erleichtern und die Erträge zu steigern (S. 79). Ökonomischer Fortschritt und – wie auch Brecht glaubte – daraus resultierendes Menschenglück (ebenda) liegen ihm sehr wohl am Herzen; und indem er, selber zornig, nach dem »göttliche[n] Zorn« der Bauern ruft, legt er dem kleinen Mönch (und der Autor dem Leser) nahe, in einem Bauernaufstand den Weg zur Lösung des Problems zu sehen (S. 81). Und doch bezeichnet er im gleichen Atemzug den Drang, die Wahrheit zu verbreiten, als sein »Laster«: »Und das Schlimmste: was ich weiß, muß ich weitersagen.« (Ebenda)

Die soziale Verantwortung des Wissenschaftlers

Das komplexe vierzehnte Bild zeigt zunächst den doppelt bewachten Galilei in seinem überlegenen und listigen Spiel mit den Bewachern. Heuchlerisch kommentiert er Bibelzitate des Erzbischofs, lobt die Niederschlagung von Arbeiteraufständen in den Arsenalen und das Festhalten der Kirche an der lateinischen Sprache. Sein Text ist so doppelbödig-ironisch, dass jeder, der Ohren dafür hat – Virginia hat sie nicht (Bild 14, S. 119) –, bemerken muss, dass dieser Galilei noch der innerlich freie Mann von früher ist. Er ist nicht wirklich zu Kreuze gekrochen, sondern spielt lediglich den reuigen Sünder, um in Ruhe gelassen zu werden. Er hat seine Bewacher überlistet und eine Zweitschrift der *Discorsi* angefertigt, die Andrea ins Ausland retten wird. »Er ist ein alter Fuchs« (Bild 14, S. 118) und damit der Galilei der »Keunos«-Erzählung und der dänischen Fassung von 1938/39. An das ursprüngliche Thema des politischen Widerstandskämpfers Galilei erinnert die Wortwahl, wenn Andrea sagt: »Und wir dachten, Sie wären übergelaufen! […] Sie versteckten die Wahrheit. Vor dem Feind.« (Bild 14, S. 124)

Aber auf der Grundlage der reinen Wissenschaftsethik hat selbst dieser subversive Galilei mit der Verurteilung des Mucius (Bild 9, S. 83) auch sein eigenes Urteil gesprochen. Durch den wenn auch erpressten Widerruf hat derselbe Mann, der die neue Wahrheit begründete, die Wahrheit verraten und sich aus der Gemeinschaft der Wissenschaftler ausgeschlossen: »Ich lehrte dich Wissenschaft, und ich verneinte die Wahrheit.« (Bild 14, S. 124)

In Andrea lebt Galileis Wissenschaftsbegriff weiter, der besagt, dass die Wissenschaft nur ein Gebot kenne: »den wissenschaftlichen Beitrag« (Bild 14, S. 126); dieser Beitrag liegt mit den *Discorsi* vor. Mit warmen Worten verteidigt er nun, da er von den *Discorsi* hört, den Widerruf seines alten Lehrers als klug (S. 124 ff.). Auch diese Verteidigung entspricht dem Galilei-Bild der ersten Fassung, denn sie hatte noch nicht so sehr die gesellschaftspolitischen Konsequenzen des Widerrufs im Auge, sondern »lediglich die Wissenschaft, ihren Fortschritt […], der sich über Galilei hinweg fortsetze« (Knopf,

S. 168). Aber der Brecht der dritten Fassung denkt radikal anders als früher und lässt seinen Helden radikal anders auf Andrea reagieren. Wüst verhöhnt er ihn als »Bruder in der Wissenschaft und Vetter im Verrat« (S. 126), um dann noch einmal als Dozent seinen eigenen Fall zu analysieren und sein verblüffend neues Credo vorzutragen: »Ich halte dafür, daß das einzige Ziel der Wissenschaft darin besteht, die Mühseligkeit der menschlichen Existenz zu erleichtern.« (S. 127)

Die Wissenschaft hat also nicht mehr in erster Linie der Wahrheit zu dienen, sondern der Gesellschaft. Ihre Moral fordert nicht primär den wissenschaftlichen, sondern den sozialen Beitrag. Den Wissenschaftsbegriff, den er sein Leben lang gelehrt und verteidigt hat, verwirft Galilei nun als falschen Weg, der den Wissenschaftler in die Sackgasse der reinen Fachdisziplin treibe, sodass er den Bezug zur Wirklichkeit und zu den Menschen verliert. Auf diesem Weg werden Forscher seiner Meinung nach zu einem wehrlosen »Geschlecht erfinderischer Zwerge« (S. 128), das der Willkür der jeweiligen politischen Machthaber ausgeliefert ist. Galilei wirft sich vor, im sozialen Kampf seiner Zeit versagt und das Volk im Stich gelassen zu haben. Im Rückblick erkennt er, dass er eine gewisse Zeit lang ebenso stark war wie die Obrigkeit (vgl. Barberinis Aussage »Wir brauchen Sie, mehr als Sie uns«; Bild 7, S. 72), dass die Astronomie tatsächlich nicht isoliert in ihren Observatorien saß, sondern »die Marktplätze« (Bild 14, S. 128) erreicht hatte, und dass die Wissenschaft zur Entlarvung verfaulter Machtstrukturen, zum politischen Umsturz und zur Befreiung des Volkes aus den Fesseln der Knechtschaft hätte beitragen können.

In seiner Rede bleibt Galilei eine Figur des 17. Jahrhunderts. Indem Brecht aber zu eindeutiges Zeitkolorit vermeidet, seine Figur nicht von Kirche, sondern von »Obrigkeit« und »Machthabern« sprechen lässt und statt vom Feudalsystem sehr allgemein vom »künstliche[n] Elend«, in dem die Menschen von »selbstischen und gewalttätigen Männer[n]« festgehalten würden (Bild 14, S. 127 f.), wird Galileis Fall zur Parabel auf das 20. Jahrhundert. Unter den »gewalttätigen Männer[n]« kann man sich ebenso Stalin, Hitler oder Truman vorstellen wie den Kardinal Inquisitor. Und die Prophezeiung, die Brecht seinem Protagonisten in den Mund legt, es könne dahin kommen, dass einmal »euer Jubelschrei über irgendeine neue Errungenschaft von einem universalen Entsetzensschrei beantwortet werden könnte« (S. 128), bezieht sich ohne Frage auf die Entdeckung der Kernspaltung und den Abwurf der ersten Atombomben auf die japanischen Städte Hiroshima und Nagasaki durch amerikanische Bomberpiloten im August 1945. Hier reflektiert sich nicht mehr das 20. Jahrhundert im 17., sondern das 17. Jahrhundert weiß – mit logisch nicht mehr zu begründender Intuition – vom 20. Galilei bezichtigt sich, durch seine Unterwerfung unter den Machtapparat der Inquisition die Ausbeutbarkeit der Wissenschaft für menschenfeindliche und mörderische Zwecke mit ermöglicht zu haben. Brecht zieht eine gerade Linie von Galilei zur Atombombe.

Galileis Verbrechen kann als die »Erbsünde« der modernen Naturwissenschaften betrachtet werden. Aus der neuen Astronomie, die eine neue Klasse, das Bürgertum, zutiefst interessierte, da sie den revolutionären sozialen Strömungen der Zeit Vorschub leistete, machte er eine scharf begrenzte Spezialwissenschaft [...]. Die Atombombe ist sowohl als technisches als auch als soziales Phänomen das klassische Endprodukt seiner wissenschaftlichen Leistung und seines sozialen Versagens.

B. Brecht, Anmerkungen zum »Galilei« (Ges. Werke, Band 17, S. 1109)

»Der Mensch durchbricht das Himmelsgewölbe und erkennt die Sphären.« Holzschnitt von Camille Flammarion (1888).

Mit dieser veränderten Wissenschaftsethik beschert Brecht seinem Stück und den Lesern ein Problem. Wenn Vernunft und Wissenschaft ihre Würde nicht mehr grundsätzlich in sich tragen, sondern darauf angewiesen sind, dass sie in die richtigen Hände gelegt werden, so muss man zurückfragen, wie dieser Doktrin im Laufe des Stücks dramaturgisch zugearbeitet worden ist. Wo boten sich diese Hände überzeugend an? Der Karnevalsumzug (Bild 10) hatte vielleicht vorrevolutionäre Beimischungen, war aber vor allem Klamauk und anarchistischer Übermut. Galileis Distanzierung davon bleibt nachvollziehbar (Bild 11, S. 104). Und wie hätte der Umsturz des alten Gesellschaftssystems bewerkstelligt werden sollen, wenn selbst die Spitze der Machtpyramide, der wissenschaftlich aufgeschlossene Papst, sich nicht gegen die Inquisition behaupten konnte (Bild 12)? Und vor allem: War das Fluchtangebot Vannis, der Galilei als Galionsfigur des bürgerlichen Fortschritts gewinnen wollte, eine überzeugende Alternative? Liegt der Dreh- und Angelpunkt für die Verurteilung Galileis in seiner Entscheidung gegen Vanni? Brecht wollte die Begegnung zwischen Galilei und Vanni so verstanden wissen, dass Galilei hier, schon vor dem offiziellen Widerruf in Rom, zum Verräter an der Gesellschaft wird, weil er sich der aufsteigenden bürgerlichen Klasse und den modernen Produktivkräften verweigert (vgl. BW, Band 17, S. 1129). Aber diese Deutung kann nicht teilen, wer sich erinnert, was Galilei dem Prokurator vorwarf (Bild 1, S. 21). Auch die frühkapitalistischen Städte sind Mächte, die nicht anders als die Kurie daran interessiert sind, von der Wissenschaft zu profitieren.

Brecht stand unter dem Eindruck der Atombombe, als er anregte, dass Naturwissenschaftler eine Art von hippokratischem Eid ablegen sollten (Bild 14, S. 128), und er stand unter dem Eindruck des Falles Oppenheimer, als er Galileis ins Apokalyptische reichender Selbstbezichtigung die endgültige Form gab (vgl. S. 37 f. dieses Bands). Dabei hatte er zwischen 1933 und 1954 selbst erlebt, dass die Atomphysiker seiner Zeit keine Chance hatten, der Pervertierung und militärischen Verwendung ihrer Entdeckungen durch eine Staatsmacht zu entgehen: Auch wenn sie – wie anfangs Otto Hahn – dem Dritten Reich ihr Wissen vorenthielten und auch wenn sie das demokratische Amerika als Exil wählten, gerieten sie doch von einer kriegsführenden Macht an die andere. Auch im ›guten‹, im freien Land waren sie plötzlich in den Fängen des Bösen, auch das freie Amerika bediente sich – wie die oberitalienischen Seestädte in Brechts Stück – der Wissenschaft zu seinen Zwecken: Die Atombombenschmiede Los Alamos wurde vom Pentagon finanziert. (Die UdSSR hat sich Heere von deutschen Wissenschaftlern als Beutegut einverleibt und sie für sich arbeiten lassen.) Brechts Vorstellung, der Wissenschaftler könne darüber entscheiden, wie sein Wissen genutzt wird, verkennt die wahre Lage und die Ambivalenz jedes wissenschaftlichen oder technischen Fortschritts in den Händen gleich welcher Macht. Seit der Entdeckung der Elektrizität kann man damit ebenso Licht machen wie einen elektrischen Stuhl bedienen.

In der gegenwärtigen Brecht-Forschung wird diskutiert, ob die Ursache für die Unstimmigkeiten in Bild 14, im Stück insgesamt und in der Bewertung des Widerrufs und der Hauptfigur auch darin liegen könnte, dass sich Brechts eigenes Ethik-Konzept zwischen 1930 und 1956 grundsätzlich gewandelt hat. Unstrittig ist, dass es Brecht in der vierzehnten Szene der endgültigen Fassung des *Galilei* um die gesellschaftliche Verantwortung der Wissenschaft ging. Die zuvor betonte Verantwortung des Wissenschaftlers vor sich selbst und seiner Wahrheit wurde nicht zurückgenommen; jedoch wurde ihr nun eine rigorose gesellschaftliche Moral und Verpflichtung übergeordnet, sodass sich in der Endfassung des Stücks zwei Modelle von Wissenschaftsethik überlagern.

Zusätzlich lässt sich aber beobachten, dass sich auch die allgemeinen, von der Wissenschaft unabhängigen Moralvorstellungen Brechts geändert haben. Für den jungen Marxisten Brecht bemaß sich die Moral einer Handlung, der Auffassung Lenins entsprechend, an ihrer Zweckmäßigkeit im Kampf gegen die Unterdrücker. Eine gewisse moralische Wendigkeit und Schläue war legitim, wenn sie der Sache diente; Galileis Widerruf war Verrat, aber nicht das schwarze Verbrechen der letzten Fassung. Sein Satz »Unglücklich das Land, das Helden nötig hat« (Bild 13, S. 116) wog schwerer als Andreas Anklage. Von diesem sympathisch listigen Galilei des frühen Brecht ist

Georges Wilson als Galilei. Théâtre National de Paris, 1963.

einiges in Bild 14 erhalten geblieben. Fast unvermittelt macht aber der späte Brecht aus dem Widerstandskämpfer den verkommenen Opportunisten und Feigling, der aus Angst vor Folter (und nicht des wissenschaftlichen Beitrags wegen, den er noch zu leisten imstande sein wird) widerrufen hat (Bild 14, S. 125 unten). Diesen Schwenk hat die Forschung damit begründet, dass der späte Brecht sich einen apodiktischen und idealistischen Begriff von Moral zu eigen gemacht habe, der Sittlichkeit nicht mehr von der Situation ableite, sondern sie absolut setze. Von der Warte dieses ethischen Rigorismus aus wird Galilei als Schädling der Menschheit verdammt. Da durch das Zusammentreffen dieser beiden Ethik-Konzepte im Stück abermals Bruchkanten entstehen, spricht Hans-Harald Müller in seiner Untersuchung des *Leben des Galilei* ironisch von »zwei Dramen« (»Von der Taktik zur Tugend«, in: Thomsen, S. 208).

IV Exemplarische Interpretationen

1 Wie baut sich in Bild 3 der dramatische Konflikt auf?

Das dritte Bild schildert die entscheidenden Entdeckungen zur Natur des Mondes, der Milchstraße und des Jupiter und den durch sie ausgelösten Disput zwischen Galilei und Sagredo. Zeit der Handlung ist die Nacht des 10. Januar 1610. Zwischenauftritte gliedern das Bild: Erst unterbricht der Kurator die Diskussion der beiden Gelehrten, später kommt Frau Sarti kurz herein und am frühen Morgen erscheint Virginia auf dem Weg zur Frühmette. Der Kurator beklagt sich darüber, dass Galilei ihn mit dem Fernrohr hereingelegt hat. Am lebenden Beispiel von Frau Sarti will Galilei den Verstand auch der einfachen Leute beweisen. Virginia erfährt, dass ein Umzug nach Florenz geplant ist, woraufhin Sagredo, von dieser Nachricht überrascht, all seine Beredsamkeit aufbietet, um Galilei von seinem Vorsatz abzubringen.

Diese Gliederung der Szene hat den Effekt, dass Licht aus verschiedenen Blickwinkeln auf die Hauptfigur fällt, sodass ähnlich wie in Bild 1 widersprüchliche und teilweise einander gegenseitig relativierende Schichten im Aufbau dieser Persönlichkeit zur Anschauung gelangen.

Sagredo ist Mathematiker. Er ist Zeuge des Geschehens. Und er ist der Freund. Im Laufe der Nacht, während sich die Themen ihrer Gespräche von der wissenschaftlichen (astronomischen) zur weltanschaulichen und dann zur persönlichen und menschlichen Problematik Galileis verschieben, wird Sagredo vom Fachkollegen zum tief erschütterten Zeitgenossen und darüber hinaus zum Ratgeber und Vertrauten. Das dramatische Geschehen läuft auf zwei Höhepunkte zu: einmal innerhalb des weltanschaulichen Disputs (S. 35) und einmal im Schlussteil der Szene, als Sagredo seine Argumente im visionären Bild vom Scheiterhaufen zusammenfasst, auf dem er Galilei bereits brennen sieht (S. 40 f.).

Sokratischer Dialog und neues Sehen

Historisch gilt das Jahr 1609 als das Jahr der großen Entdeckungen Galileis. Wenn in der Szenenüberschrift des dritten Bilds die Nacht des 10. Januar 1610 dazu erklärt wird, so stimmt das auch innerhalb des Horizonts des Stücks nicht ganz, denn Galilei hat seine Entdeckungen – bis auf den Nachweis von der Bahn eines Jupitermondes – bereits in vorangegangenen Nächten gemacht; nun zeigt er sie Sagredo und überprüft sie zusammen mit ihm. Durch diesen Kunstgriff kann das Gestaltungselement des Lehrgesprächs auch für dieses Bild genutzt werden:

Als souveräner Lehrer führt Galilei den Freund am Beginn der Nacht zu der Einsicht, dass der Mond ein erdähnlicher Körper ist, der sein Licht von der Sonne empfängt (S. 29 f.). Sagredo schaut durchs Fernrohr in den Nachthimmel und beschreibt genau, was er sieht (S. 29), aber er wagt keine Deutung. Galilei fragt: »Wie erklärst du dir diese leuchtenden Punkte?« (S. 29) – »Siehst du den verdunkelten Teil des Mondes ganz dunkel?« (S. 30) – »Was kann das für ein Licht sein?« (S. 30). Sagredo verweigert die Antwort, er sträubt sich, stellt Gegenfragen, macht Einwände und lehnt sich gegen Galileis Deutungsangebot auf: »Es kann nicht sein. […] [Berge a]uf einem Stern? […] Aber […] Aber […] Das ist Unsinn. […]« (S. 29 f.). Am Ende aber muss er – wenn auch in Form einer verzweifelten Gegenfrage und konjunktivisch – die Schlussfolgerung ziehen: »So wäre kein Unterschied zwischen Mond und Erde?« (S. 30) Er muss sich geschlagen geben.

Brechts Dialog lässt erkennen, dass Genialität auch eine Frage der Charakterstärke ist. Nicht der Intelligenzquotient allein macht den großen Mann aus, sondern ebenso (und vielleicht gerade erst) der Mut zur innovativen Schlussfolgerung aus dem Gesehenen. Im Gegensatz zu Sagredo wagt Galilei das Undenkbare zu sehen und bilanziert hart: »Die Menschheit trägt in ihr Journal ein: Himmel abgeschafft.« (S. 30) Dieses Fazit klingt ähnlich heroisch und endgültig wie Friedrich Nietzsches Satz »Gott ist tot« *(Zarathustra)*. Wie Zarathustra ist Galilei ein Revolutionär und geistiger Heroe, während der Freund kreatürlich erbebt: »Das ist furchtbar.« (S. 30) Giordano Brunos Schicksal tritt ihm vor Augen. Die Kirche hat ihn verdammt, also ist er tabuisiert. Das zeigt sich selbst im vertraulichen Gespräch zwischen Galilei und Sagredo. Sechsmal beziehen sich Galilei und Sagredo während dieser Nacht auf ihn, indem sie chiffriert von ihm sprechen als von dem Verbrannten, dem anderen (S. 33, 34, 35). Sagredo beschwört so die Größe der Gefahr, der sich Galilei aussetzt. Galilei dagegen bestätigt unerschrocken und mit Genugtuung, dass »der andere« recht gehabt habe (S. 34).

Der Kurator (zweite Teilszene, S. 30–32) trägt mit seiner ganz andersartigen Entdeckung (dass das Fernrohr gar nicht Galileis Erfindung ist) ein wenig zur Entzauberung von Galileis Heroismus bei und stimmt Sagredo so bedenklich, dass Galilei sich bemüßigt fühlt, seinen Schwindel mit dem Fernrohr vor dem Freund zu rechtfertigen (S. 33). Alles zusammen – das Menetekel Giordano Bruno, das kaltblütig ausgesprochene Fazit und wohl auch der kaltblütige Betrug – bewirkt, dass Sagredo »beinahe etwas wie Furcht« beschleicht und er zögert, noch mehr durch das Rohr sehen zu wollen (S. 33). Dennoch lässt er sich verführen wie später der kleine Mönch. Während Galilei ihm Zug um Zug demonstriert, was er gesehen hat, während er ihm anhand der Sternenhaufen der Milchstraße und der Jupitermonde zeigt, dass Bruno und Kopernikus recht hatten und Sagredo nicht anders kann, als ihn mathematisch zu bestätigen, kämpft der Forscher alter Schule doch gegen Galileis Beweisführung und seinen eigenen Verstand an, indem er noch einmal versucht, die Merkmale des überlieferten Weltbildes als Gegenargumente ins Feld zu führen (S. 33 ff.). Sagredo lässt sich von seinem Vorwissen (seinen Vor-Urteilen) nicht korrumpieren wie später die Hofgelehrten (Bild 4), aber er begegnet dem Neuen anders als Galilei. Auf dessen triumphierende Feststellung, dass »die Wahrheit […] entdeckt« sei, reagiert er mit dem Satz: »ich zittere, es könnte die Wahrheit sein« (S. 34 f.).

Vernunft und Glauben

Zwei Vorstellungen von Wahrheit, eine wissenschaftliche und eine religiöse, und zwei Vorstellungen von Vernunft, eine logische und eine praktische, treffen in diesem Bild aufeinander. Auf dem Höhepunkt des Streitgesprächs gewinnt die Abfolge von Rede und Gegenrede an Tempo, die Sätze fliegen knapp und als Satzfetzen (elliptisch) hin und her. Brecht hat diesen Dialog nach dem Muster der klassischen Stichomythie, der Zeile um Zeile wechselnden Streitrede gestaltet (S. 35); doch Sagredo streitet nicht als Feind, sondern als fühlender Mensch und besorgter Freund. Er fragt nach dem Ort Gottes im neuen Weltsystem. Ihre viermalige Wiederholung zeigt die Dringlichkeit der Frage an, aber Galilei, erfüllt vom wissenschaftlichen Durchbruch dieser Nacht, hat keine Geduld für theologische Erörterungen oder hat sich längst selbst die Antwort gegeben, die er auch Sagredo gibt: Gott sei »[i]n uns oder nirgends« (S. 35). Trotz seines (für einen Menschen des 17. Jahrhunderts zu modernen) Satzes vom abgeschafften Himmel schließt das neue Weltbild für ihn nicht aus, dass man weiterhin an Gott glaubt, denn für ihn ist es Gott, der das menschliche Gehirn und das Universum gleichermaßen und zwar so geschaffen hat, dass der Mensch die Schöpfung erkennen kann (vgl. Bild 7, S. 69). Ludovico sagt er, in schöner, dreischrittiger Schlussfigur: »Gott machte die physische Welt […]; Gott machte das menschliche Gehirn; Gott wird die Physik erlauben« (Bild 9, S. 92). Vermutlich ist es dieser Satz, den Brecht einmal »mit Vergnügen« aus dem Munde Albert Einsteins gehört hat (nach: Hecht, S. 96).

Galilei baut darauf, dass kein Mensch sich auf Dauer der Kraft der Fakten, den Gesetzen der Logik und dem Prinzip der Kausalität (dem Zusammenhang von Ursache und Wirkung) entziehen könne. Von nun an führt er seinen kleinen Beweisstein in der Tasche mit sich. Er formuliert Sagredo sein doppeltes Credo: Er glaubt an den Menschen. Und er glaubt an »die sanfte Gewalt der Vernunft über die Menschen« (S. 36). Er argumentiert als Aufklärer und geht davon aus, jeder werde seine Meinung teilen, dass »[d]as Denken […] zu den größten Vergnügungen der menschlichen Rasse« (S. 37) zähle. Wenn Sagredo ihm dagegen vorwirft, er habe »allen Verstand verloren« (S. 35), so meint er den lebenspraktischen Verstand, Maß, Vorsicht und Umsicht. Er sieht, wie sehr Galilei die Vernunft überschätzt, und weiß, dass Menschen nach logischen Begründungen nicht fragen, wenn ihre Interessen gefährdet sind. Ähnlich wie er antwortet später Kardinal Bellarmin auf Galileis Vernunft-Credo: »Die Vernunft, mein Freund, reicht nicht sehr weit.« (Bild 7, S. 70) Galilei dagegen will auch später nicht begreifen, dass die Vernunft schwach sein soll. Als das Dekret die eben von Clavius bestätigte Wahrheit zur Ketzerei erklärt, steht der Schauspieler Laughton als Galilei da »wie ein von der Axt betäubter Stier« und vermittelt zu Brechts Freude, dass es »hauptsächlich die offene Verletzung der Logik ist, die Galilei entwaffnet« (nach: Hecht, S. 96).

Die Auseinandersetzung zwischen Galilei und Sagredo in Bild 3 führt zu keiner Synthese im Streit um alten Glauben und neues Denken und bewirkt bei Galilei keine Sinnesänderung im Hinblick auf die Übersiedlung nach Florenz. Seine Gegner werden die Gottesfrage bald erneut und weniger wohlwollend als Sagredo stellen (Bilder 4, 6, 7 und 12); und den fertig geschriebenen Brief an den Großherzog von Florenz, den Sagredo missbilligt, nimmt Galilei nicht zurück. Hatte der Auftritt des Kurators Gelegenheit gegeben, sich über die Gerissenheit des Gelehrten zu wundern, so tritt nun zutage, wie übereilt er seine nagelneuen Entdeckungen zu versilbern trachtet. Im Ergebnis vermittelt das dritte Bild vor allem eine Vorstellung vom Ausmaß der Verblendung Galileis und von der Gefahr, die ihm im weiteren Handlungsverlauf noch drohen wird. Sagredo fasst es so zusammen: »Das ist eine Nacht des Unglücks, wo der Mensch die Wahrheit sieht. Und eine Stunde der Verblendung, wo er an die Vernunft des Menschengeschlechts glaubt.« (S. 40)

2 Welche Sprache gibt Brecht den Figuren?

Die beiden zuletzt zitierten Sätze Sagredos klingen nicht wie moderne Bühnenprosa, sondern wie Poesie aus einem anderen Zeitalter. Zwei Satzgefüge aus Haupt- und Nebensatz sind parallel geführt, der zweite Hauptsatz ist als Ellipse (verkürzt) angeschlossen. Zusammen schwingen sie in einem eigenen Sprechrhythmus. Sie enthalten drei in der Umgangssprache eher ungebräuchliche Genitive; und die aktuell empfundene Sorge um den Freund ist ins Allgemeingültige abstrahiert und damit zur Sentenz erhoben. Was Brecht Sagredo in den Mund legt, erweist sich als kunstvolle, rhetorische Fügung. Brecht versteht Rede als Gestus, als Gebärde und Sprachhandlung: Der Doppelsatz von Sagredo bildet eine Klage, getragen von fast prophetischem Geist.

Sobald man auf ein solches Beispiel aufmerksam geworden ist, entdeckt man im Dramatiker Brecht den Dichter und Lyriker, der aber nicht nur den hohen Ton einsetzt, sondern seine Figuren mit einem umfangreichen Register sprachlicher Mittel, Varietäten und Diktionen ausstattet. Es ist vor allem Brechts Sprache, die dem Stück Kraft und Feuer gibt. Brecht ist Marxist und denkt dialektisch. Aber der Marxist Brecht hat sein Denken und seine Sprache an der Klarheit der antiken und deutschen Klassiker geschult, er ist von der Rhetorik Nietzsches beeinflusst und hat nie verleugnet, dass ihm die Sprache der Lutherbibel ein Vorbild war.

Wie er bestimmte Dialogpassagen in einem Gefühl, in einem leidenschaftlichen Bekenntnis oder in bitterer Erkenntnis aufgipfeln lässt, das hatte er bei Schiller gelernt. Dem Dialog Glanz, der Rede Feuer, einer Szene Schwung zu geben, darauf verstand sich Brecht.

Werner Mittenzwei: Das Leben des Bertolt Brecht oder der Umgang mit den Welträtseln. Band I, S. 335

Die Figuren des *Galilei* sind entsprechend ihres gesellschaftlichen Standes sprachlich charakterisiert. Frau Sarti spricht in einfachen Sätzen und in Bildern des Alltags (vgl. S. 79 dieses Bands); Andrea bemüht sich anfangs noch unbeholfen: »Was? Das mit dem Kippernikus seinem Drehen?« (Bild 1, S. 13); die Bänkelsänger produzieren sich in derben Knittelversen (Bild 10); die Gelehrten feiern sich selbst im lateinischen Disput (Bild 4). Galilei erweist sich nicht nur als die zentrale, sondern auch als die sprachlich versierteste Figur, weil er alle Idiome und Diskurse (Tonlagen) beherrscht und für die Vertreter aller Stände die jeweils situationsgerechte Ansprache findet. Im wissenschaftlichen Zusammenhang spricht er sachlich, präzise und logisch – und erzieht im ersten Bild schon den jungen Sarti zum fachspezifisch korrekten Wortgebrauch (Bild 1, S. 9). Er spricht und schreibt Latein, nimmt aber zugleich Federzoni für seine Unkenntnis der Gelehrtensprache in Schutz und publiziert fortan in der Landessprache. Vor allem jedoch äußert sich sein ungewöhnlich reiches Temperament anhand einer sprachlichen Bandbreite, die von Zorn, Hass und Verachtung bis zu Freude und hoher Begeisterung, von Humor, Spottlust, überlegener Ironie und Sarkasmus bis zur Grobheit reicht. Historisch passend, ist Brechts Galilei selbst fast so etwas wie eine Luther-Figur, die ›dem Volk aufs Maul geschaut‹ hat.

Öffentliche Mandatsträger, die Signoria von Venedig (Bild 2) oder den Erzbischof (Bild 14), bedient er – bei eigener innerer Distanz zum Gesagten – ebenso wie den Großherzog von Florenz mit der erwarteten Rollenprosa aus Schmeicheleien und Ergebenheitsfloskeln, Schnörkeln und Übertreibungen (Hyperbeln). Mit einem gewissen diabolischen Genuss spielt er auf dieser Klaviatur der öffentlich gepflegten Unredlichkeit und Eitelkeit und hat nur gelegentlich Bedenken, vielleicht etwas zu dick aufgetragen zu haben (vgl. Bild 3, S. 39, und Bild 14, S. 120). In einfachen Worten spricht er hingegen im dritten Bild Frau Sarti an, macht sich etwas klein vor ihr und schmeichelt ihr halb ernst und halb selbstironisch: »Sehen Sie, es ist eine Frage entstanden, über die wir uns nicht einig werden können, wahrscheinlich, weil wir zu viele Bücher gelesen haben.« (Bild 3, S. 37)

In die Defensive getrieben, wird Galilei grob und spricht von der ehrwürdigen Signoria hinter ihrem Rücken als von »diesen Filzen«, denen er 500 Skudi »herausgerissen« habe, er spricht emotional mit Fragezeichen, Ausrufezeichen und Beteuerungen und findet zu seiner Verteidigung handfeste Bilder (vgl. Bild 3, S. 33 und 39). In der Offensive zeigt sich sein scharfer Verstand. Ironisch entgegnet er im Gespräch mit

Priuli: »Ich verstehe: freier Handel, freie Forschung. Freier Handel mit der Forschung, wie?« (Bild 1, S. 21) Noch schneidender in Analyse und Ton greift er später Ludovico an (Bild 9, S. 93).

Brecht liebt die knappe These, die pointierte Formulierung und Sentenz. Als Dramatiker gestaltet er dialogische Auseinandersetzungen und Kontroversen, die auf Höhepunkten ihre Schlagkraft aus der rhetorischen Figur der Antithese ziehen. Antithetisch zugespitzt standen sich im dritten Bild die Urteile von Sagredo und Galilei gegenüber. War für Sagredo die Nacht des 10. Januar 1610 die »Nacht des Unglücks« (Bild 3, S. 40), so war sie für Galilei die Nacht der Wahrheit; sie war »[h]ell« (S. 38). Ein Nachthimmel, an dem man die Sterne gut sehen kann, muss klar sein. »Hell« dagegen ist seit den Einführungsversen über dem ersten Bild Leitmetapher des Stücks in Opposition zur Dunkelheit des Unwissens und ist als »helle Nacht« ein schönes sprachliches Paradox. Als Galilei widerruft, lautet die Regieanmerkung, wohl in Anspielung auf die Verdunkelung des Himmels beim Tode Christi am Kreuz: »*Es wird dunkel.*« (Bild 13, S. 115) Galilei selbst war »das Licht Italiens« (Bild 12, S. 109). Fast tröstlich wiederholt sich am Schluss der kleine Dialog zwischen Vater und Tochter mit vertauschten Rollen. Nun fragt Galilei: »Wie ist die Nacht?« Und Virginia, die entscheidende Dimension nicht begreifend, tritt ans Fenster und antwortet: »Hell.« (Bild 14, S. 129)

Sentenzenhaft einprägsam und antithetisch pflegt, laut Virginia, ihr Vater zu sagen: »Die Theologen haben ihr Glockenläuten, und die Physiker haben ihr Lachen.« (Bild 9, S. 88) Markante Antithesen, die Abstraktes zugleich bildhaft fassen, beherrschten bereits das erste Bild. Deren stärkste lautet: »Denn wo der Glaube tausend Jahre gesessen hat, eben da sitzt jetzt der Zweifel.« (S. 11) Im antithetischen Für und Wider von These und Gegenthese diskutieren beispielsweise auch Galilei und Sagredo die Gegebenheiten des florentinischen Hofs: »SAGREDO Geh nicht nach Florenz, Galilei. / GALILEI Warum nicht? / SAGREDO Weil die Mönche dort herrschen. / GALILEI Am Florentiner Hof sind Gelehrte von Ruf. / SAGREDO Lakaien.« (Bild 3, S. 40)

Neben dem ebenfalls antithetisch geführten Duell der Bibelzitate im siebten Bild – für das Brecht Sätze der Lutherbibel sehr frei verwendet und sprachlich ebenso wie ideologisch nachgeschliffen hat (worauf Reinhold Grimm hingewiesen hat) – findet sich die wohl eindrucksvollste Antithese in Rede und Gegenrede im Gespräch zwischen Andrea und Galilei im dreizehnten Bild: »ANDREA *laut*: Unglücklich das Land, das keine Helden hat!« Galilei, nach einer Zeit des Nachdenkens, während Andrea hinausgeführt wird: »Nein. Unglücklich das Land, das Helden nötig hat.« (Bild 13, S. 115 f.)

Dass sich auch in der Sprache durch genaues Hinsehen Entdeckungen machen lassen, verrät sich in Brechts Neigung zum Wörtlichnehmen verblasster Metaphern, die er im Sprachspiel der *Figura etymologica* (bzw. der *Paronomasie*) wieder bewusst macht. Galilei: »[…] und euer Fortschritt wird doch nur ein Fortschreiten von der Menschheit weg sein« (Bild 14, S. 128). Der Kurator: »Wozu neue Fallgesetze, wenn nur die Gesetze des Fußfalls wichtig sind?« (Bild 1, S. 21)

Dass im Umkreis solch harter Sätze auch hymnisch-festliche Stillagen möglich sind, belegt abermals Brechts Überzeugung von der Zusammengehörigkeit des Widersprüchlichen. Nicht nur Sagredo spricht rhythmisch. Im ersten Bild etwa preist auch Galilei die anbrechende neue Zeit in freirhythmischer, erhabener Sprache, die wie biblische Verheißung oder Verkündigung klingt: »Aber jetzt fahren wir heraus, Andrea, in großer Fahrt. Denn die alte Zeit ist herum, und es ist eine neue Zeit. Seit hundert Jahren ist es, als erwarte die Menschheit etwas.« (S. 10)

Zuverlässig wird der hohe Ton bei Brecht jedoch schnell wieder ins Prosaische gebrochen: »Natürlich. Der Stuhl ist die Erde. Du sitzt drauf.« (S. 13) Aber durchgehend erlaubt sich der Bilderstürmer Brecht, der die große Sprachgebärde der Expressionisten lächerlich fand, Momente des sprachlichen Pathos und der Emphase, wenn die Rede auf die neue Zeit kommt. Durch dreifachen Parallelismus und die Einleitung mit dem sogenannten emphatischen (eindringlich betonenden) »da« erhält auf diese Weise die Bedeutung der Entdeckungen ihre auch sprachlich bedeutsame Fassung: »Da ist keine Stütze im Himmel, da ist kein Halt im Weltall! Da ist eine andere Sonne!« (Bild 3, S. 34) Auch der kleine Mönch spricht mit dieser Emphase: »Da ist Glückseligkeit im Zweifeln« (Bild 9, S. 86).

3 Bild 12: Welche Bedeutung hat das Gespräch zwischen Papst und Inquisitor?

Regieeinfälle

Bild 12 ist ein in sich geschlossener Dialog ohne Zwischenauftritte. Seine Spannung scheint allein aus dem verbalen Ringen zwischen Papst Urban VIII. und dem Großinquisitor um die Frage zu resultieren, ob Galilei der Prozess zu machen sei oder nicht. Dennoch enthält die Szene auch eine Handlung: Während der Auseinandersetzung zwischen den beiden Männern wird der Papst angekleidet. Sichtbar und symbolisch verwandelt sich der Mathematiker-Kardinal Barberini in den Pontifex Urban VIII. Die Regieanmerkung lautet gegen Ende: *»Der Papst ist jetzt in vollem Ornat.«* (S. 110) Brechts zwölftes Bild ist eine der großen Ankleideszenen der modernen

Dramenliteratur und vielleicht sogar das Modell für ähnliche Szenen bei Friedrich Dürrenmatt und Max Frisch. Die beiden Schweizer zeigen in ihren Stücken *Der Besuch der alten Dame* (1956) und *Andorra* (1961) ebenfalls, wie ein Geistlicher, zunächst im Straßenanzug auftretend, mit den Messgewändern bekleidet wird und fortan als Rollenträger anders spricht als zuvor.

Hinzu kommt ein zweiter dramaturgischer Einfall Brechts, der erst gegen Ende der Szene seine volle Wirkung entfaltet: Obwohl das Spitzengespräch zwischen Papst und Inquisitor hinter verschlossenen Türen stattfindet, spielt die Außenwelt vernehmlich mit. Zahlreiche Geistliche haben sich versammelt, um in unruhiger Spannung – in den Vorzimmern auf und ab gehend – auf das Ergebnis zu warten (vgl. S. 107 oben). Das Bewusstsein von der Anwesenheit dieser Menge übt Druck auf Urban VIII. aus. Das »Geschlurfe« der Füße draußen (S. 109) wird ihm allmählich zu unerträglichem »Getrampel« (S. 110): Seine Nervosität steigt. Auf seine fast verzweifelte Frage, ob denn »die ganze Welt« komme, antwortet der Inquisitor süffisant: »Nicht die ganze, aber ihr bester Teil.« (S. 110) Offensichtlich hat er seine Parteigänger, die Vertreter des reaktionären Flügels innerhalb der Kirche, herbeibeordert, um dem entscheidenden Zweikampf durch ihre unsichtbare Anwesenheit den gehörigen Nachdruck zu verleihen.

Rhetorik

Der Disput zwischen Papst und Inquisitor hat bereits begonnen, wenn die Bühne wieder hell wird. Er tritt eben in seine entscheidende Phase. Anscheinend unumstößlich ist das dreimalige »Nein!« des Papstes, dem er gleich noch ein viertes hinterherschickt. Er hat das erste Wort. Das letzte Wort aber hat der Inquisitor. Die Fronten sind rasch abgesteckt. Der Papst befürwortet, wie ehedem als Kardinal Barberini, Wissenschaft und neue Zeit. Er scheint Galilei den Schutz bieten zu können, den dieser sich von ihm versprochen hat (vgl. Bild 9, S 89 f., und Bild 11, S. 104). Kraft seiner Autorität kann er Weichen stellen und sich verbitten, dass der wissenschaftliche Fortschritt aufgehalten wird: »Ich lasse nicht die Rechentafel zerbrechen.« (Bild 12, S. 107) Seiner Bildung gemäß argumentiert er logisch und rational: »Man kann nicht die Lehre verdammen und die Sternkarten nehmen.« (S. 109) Als der Inquisitor Logik als unmaßgeblich abtut, verlangt er, das internationale Ansehen der Kirche zu respektieren. Man könne es sich nicht erlauben, den größten Physiker der Zeit, »das Licht Italiens«, anzutasten, ohne vor aller Welt als absolut rückständig – als »Senkgrube verfaulter Vorurteile« – dazustehen (S. 109 f.). Aber Urbans Befehl »Hand weg von ihm!« (S. 110) hat bereits nicht mehr die Kraft des anfänglichen »Nein! Nein! Nein!«, sondern klingt wie ein letzter Widerstandsversuch, bevor Defensive und Rückzug beginnen. Noch einmal umreißt er seine Grundsätze: Was wissenschaftlich erwiesen ist, hat Gültigkeit und darf nicht ideologischen Zielsetzungen geopfert werden. Es darf nicht dazu kommen, dass man Kirche und Wissenschaft gegeneinander ausspielen kann. Aus diesem Grund habe er Galilei gestattet, den *Dialogo* zu schreiben; und zwar mit der Auflage, dass darin die Kirche nicht angegriffen wird (S. 110).

Der Papst argumentiert anfangs im Vertrauen auf die Autorität seines Amtes; aber seine Position erweist sich als schwach, und der Gegner setzt sich durch. Menschlich argumentiert der Papst geradlinig und redlich. Der Inquisitor dagegen setzt den Papst mit den Mitteln der Unterstellung und Erpressung unter Druck. Gleich zu Beginn suggeriert er, unter Berufung auf die draußen Wartenden, dass ein Papst, der Galilei verteidigt, die Heilige Schrift verrät. Indem er die offizielle Anrede »Eure Heiligkeit« gleich zweimal verwendet, weist er den Papst nachdrücklich darauf hin, dass er in erster Linie Hüter der Christenheit und Garant des Glaubens und des Wortes Gottes zu sein habe. Damit verkürzt er die Problematik auf die Alternative Wahrheit der Wissenschaft oder Wahrheit der Schrift.

Der Inquisitor sieht nicht nur die Emanzipation des Einzelnen unter Berufung auf den eigenen Verstand herannahen, sondern er erkennt – und darauf kommt es Brecht an –, dass das neue Denken den Geist der Rebellion und des gesellschaftlichen Umsturzes in sich enthält. Er unterstellt Galilei, dass er, gedeckt durch ein Zitat aus einer Schrift des Aristoteles, den technischen Fortschritt und eine klassenlose Gesellschaft ohne Herren und Knechte propagiere, in der »das Weberschifflein von selber webte und der Zitherschlegel von selber spielte« (S. 109). Bereits in Florenz hatte er Galilei beschuldigt, das Volk aufgewiegelt zu haben (vgl. S. 103). Bibelkritik und Sozialkritik sind für den Inquisitor (und für Brecht) zwei Seiten derselben Medaille; ebenso – in Übereinstimmung mit Ludovicos Position – Kirchenmacht und Feudalsystem.

Brecht lässt den Inquisitor darüber hinaus zu Kampfmitteln greifen, die charakteristisch für die nationalsozialistische Propaganda waren: Er degradiert Galilei, in dem er eben noch eine konkurrierende geistige Großmacht sah, zum Wahnsinnigen (S. 108) und schlechten Menschen (S. 109) und zum Wurm (»diese Würmer von Mathematikern«; S. 108): Er spricht ihm ab, ein Mensch zu sein.

Zweikampf zwischen alter und neuer Zeit

Aber der Inquisitor verfolgt nicht nur das Ziel, Galilei kaltzustellen, sondern auch den liberalen Papst. Er treibt ihn mit (historisch stichhaltigen) politischen Argumenten in die Enge. Tatsächlich hatte sich Urban VIII. in Italien Feinde gemacht und sich zudem mit den (katholischen) Habsburgern überworfen. Neben seinen naturwissenschaftlichen Neigungen setzen ihn auch seine heimlichen Kontakte zu den protestantischen (lutherischen) Schweden selbst dem Verdacht der Ketzerei aus und machten ihn erpressbar.

Aus der Analyse der Auseinandersetzung zwischen Papst und Kardinal Inquisitor wird verständlich, warum Brecht statt der zu erwartenden Duellszene zwischen Galilei und Inquisitor (vgl. S. 71 dieses Bands) die zwischen Papst und Inquisitor gestaltet hat. Er verschiebt den dramatischen Antagonismus von der Hauptperson (dem Helden) weg auf Prinzipien und Systeme, denn seinem Inquisitor (und letztlich auch ihm, Brecht, selbst) geht es nicht um Personen, sondern um das politische Programm oder – aufs Große gesehen – um die Weltordnung. Der Gegner seiner konservativen Politik ist nicht Galilei, sondern der Geist der Moderne, der im Begriff ist, selbst die Kirche zu unterwandern. Im naturwissenschaftlichen Papst sieht er den Repräsentanten einer neuen Zeit, von dem eine Gefährdung der überkommenen Ordnung der Welt ausgehen könnte. Galilei ist für ihn, als Mensch und Einzelfall, belanglos; aber er benötigt seinen Widerruf, um ein öffentliches Zeichen zu setzen.

Der Schluss der Unterredung erlaubt unterschiedliche Deutungen, denn Brecht setzt ans Ende der Szene eine vielsagende Pause, eine Leerstelle, die der Leser selbstständig mit den Gedanken füllen muss, die seiner Meinung nach gegenwärtig den Papst beschweren. Strauchelt er – nun ohne Ausweg und hypernervös – über seine eigene Eitelkeit? Es liegt Ironie darin, dass Barberini nach langer Gegenwehr in dem Augenblick in die Knie geht, in dem er fertig und prächtig angekleidet als Haupt der Christenheit dasteht. Oder ist die angedeutete persönliche Gekränktheit – »Das ist allerdings eine Unverschämtheit« (S. 110) – nur ein vorgeschobener Grund, da sich bereits vorher abzeichnete, dass er dem Druck des Inquisitors nicht würde standhalten können? Will er lediglich ein Eingeständnis seiner Niederlage vermeiden? Und trägt Galilei durch seine Dreistigkeit nicht eine Mitschuld an dieser Wendung der Dinge?

Der Gesichtsverlust eines an sich integren Mannes, den Galilei im zwölften Bild vorführt, wirkt tragisch. Urban VIII. muss aufgeben, wofür er als Barberini angetreten war, sodass der Akt des Ankleidens zum Akt der Selbstentfremdung wird. Die Bedingung, dass man Galilei nur »die Instrumente zeig[en]« dürfe (S. 110), bemäntelt nur schwach seine vollständige Niederlage.

Dass die Bürde des Amtes es einem Menschen verwehrt, er selbst zu sein, hat Friedrich Schiller bereits in der vorletzten Szene des *Don Karlos* im Gespräch zwischen König Philipp und dem Großinquisitor vorgeführt. Sowohl bei Brecht wie bei Schiller erklärt der Inquisitor den zum Ketzer, dem sein Gegenüber Wohlwollen entgegenbrachte. Beide Male beansprucht ihn die Inquisition für sich. Bei Schiller muss der König ein Äußerstes tun und auch seinen Sohn dem Inquisitionsgericht ausliefern. Beide Male sprechen Hoheit, imperialer Anspruch und eisige Menschenverachtung aus den Worten des Inquisitors. Der Vergleich zwischen Schiller und Brecht lehrt eindrucksvoll, wie sehr Literatur, und Kunst überhaupt, sich aus dem Dialog mit der Tradition heraus weiterentwickelt.

V Literaturgeschichtliche Einordnung

Brechts Debüt fällt in die Zeit der Weimarer Republik. Die künstlerischen Lebensäußerungen der jungen Generation dieser Zeit fasst man unter dem Stichwort *Neue Sachlichkeit* zusammen. Die Literatur der im Dritten Reich vertriebenen oder emigrierten Schriftsteller heißt kurz *Exilliteratur*. Mit dem Neuanfang nach 1945 beginnt die sogenannte *Nachkriegsliteratur*. Das sind drei grobe, fast nichtssagende Epochenbezeichnungen: Brechts Werk entsteht im Laufe dieser drei Epochen, aber niemand käme auf die Idee, *Leben des Galilei* – begonnen 1938 und in dritter Fassung abgeschlossen 1955 – als Werk der Exilliteratur oder Nachkriegsliteratur zu bezeichnen.

Die charakteristischen Züge von Brechts schriftstellerischer Physiognomie, seiner weltanschaulichen Orientierung und seiner Ästhetik bilden sich in den Zwanzigerjahren heraus und prägen noch die großen späteren Bühnenwerke, zu denen *Leben des Galilei* gehört. *Neue Sachlichkeit* war ursprünglich nur der Titel einer Mannheimer Kunstausstellung von 1925, wurde aber rasch zum Signum der Zeit. Brecht hätte wohl nichts gegen dieses Etikett einzuwenden gehabt, obwohl ihm »Kritische Sachlichkeit« vermutlich lieber gewesen wäre. *Neue Sachlichkeit* ist ein Programm und eine Haltung, die sich gegen das Überkommene wendet, eine Kampfansage also. Verworfen werden expressionistische Exaltiertheit, psychologische Seelenzergliederung, metaphysischer Dunst und jeglicher Dichterkult (vgl. die Erläuterungen auf S. 7 f. dieses Bands). Zum prägenden Raum wird die Großstadt Berlin. Sie ist frech, schnell, vital, tüchtig, nüchtern, schmutzig und entschieden diesseitig. Modernes Proletariat und moderne, meist linke Intellektualität entwickeln sich in diesem Klima. In Berlin wird Brecht Teil und Motor dieser spezifischen Großstadtkultur. Seine Vorliebe für Boxkämpfe und überhaupt für Sportarenen entspringt seinem Interesse an der Massenkultur, zu der auch das junge Kino gehört. Auch passt zu den Tendenzen der Neuen Sachlichkeit, dass Brecht die hermetische Abgrenzung gesellschaftlicher Klassen ebenso wenig akzeptiert wie die Trennung von hoher und trivialer Kunst, von Dichtung und Gebrauchstext, Kabarett und großem Theater oder E- und U-Musik. Die Songs in vielen seiner Stücke, die Durchmischung der Diskurse (Sprachstile) im *Leben des Galilei* und die den einzelnen Bildern des Stücks vorangestellten volkstümlich gefassten Verse entspringen diesem Willen zur Grenzüberschreitung. Er möchte nicht auf das Bildungsbürgertum angewiesen sein, sondern mit seinem Theater auch ein neues Massenpublikum ansprechen. Der Blick geht nach Amerika, denn die Neue Welt ist in den Augen der deutschen Avantgarde ohne Standesdünkel und Berührungsängste produktiv, offen, fair, hart und eben – sachlich. (Im kalifornischen Exil wird Brecht nichts von diesen Projektionen wiederfinden; er kann sich mit Amerika nicht anfreunden.)

In das Selbstverständnis der Neuen Sachlichkeit fügt sich auch Brechts Hinwendung zu aktuellen Entwicklungen und Ereignissen ein. Moderne Medien werden wahrgenommen. Die Zeitungs- oder Radiomeldung wird zum Material und Impuls des Dichters. Die erste Überquerung des Atlantik mit dem Flugzeug erscheint (in *Der Ozeanflug* von 1929) ebenso als ein zur literarischen Behandlung geeigneter oder herausfordernder Stoff wie ein Arbeiterkampf in Chicago oder – im Extremfall – die Atombombe.

Aber die Bedeutung Brechts und des *Galilei* erschöpfen sich nicht in Neuer Sachlichkeit. Dialektik heißt, rückwärts zu gehen, um vorwärts zu kommen. Brecht hat das alte Ausstattungstheater entrümpelt und seine Betriebstemperatur rational heruntergekühlt und macht doch selber sinnliches Theater. Er hat das Kulinarische von der Bühne vertrieben und es – in Maßen – wieder zur Geltung gebracht. Den hohen Ton von Dichtung hat er als hohl verspottet und gibt doch Galilei auch den feierlichen Gestus der Verheißung. Man spricht (etwas spöttisch) von der plebejischen und der pontifikalen Linie, die sich in Brecht in hochkreativer Spannung halten; aus der (dialektischen) Vermittlung zwischen diesen Polen des volksnah Revolutionären und des beinahe Priesterlichen, durchaus ein wenig Guruhaften, kommt Brechts immense Produktivität.

Leben des Galilei hat eine Botschaft. Es ist engagiertes politisches Theater; die Gestalt des Galilei ist materialistisch grundiert und außerdem eine originelle Neuschöpfung seines Autors. Es ist ein Historienstück, aber die Geschichte ist der Spiegel, in dem sich die Gegenwart erkennen soll. Dennoch schließt sich diese Figur an eine Ahnenreihe von großen Bühnenfiguren an, zu der beispielsweise der Ödipus des Sophokles, Goethes Faust, Schillers Wallenstein, Büchners Danton und Heinrich von Kleists Dorfrichter Adam gehören. Galileis manchmal luziferisch funkelnde Bosheit und Gerissenheit und seine Vitalität und Lust am Genuss machen ihn, den Entdecker neuer Wahrheiten, in mancher Hinsicht gerade auch zum Nachkommen dieses Kleist'schen Unholdes und Dorfrichters, der alles daran setzt, die Wahrheit zu vertuschen. Anders gewendet: Ohne Brechts kritisch-liebevolle Auseinandersetzung mit den großen Dramen der Weltliteratur wäre sein *Galilei* niemals der geworden, der er ist. Zu den Paradoxien Brechts gehört insofern auch, dass der Revolutionär Brecht ein Traditionalist ist und dass er – gerade mit den im Exil entstandenen Stücken und gerade mit dem *Galilei* – selber zum Klassiker geworden ist.

Die entscheidende Bedeutung Brechts liegt vielleicht darin, dass er ein Mann war, der eine Vision hatte und dazu die Energie, diese Vision in die Realität umzusetzen. Er wurde zum großen Erneuerer des Theaters. Die Ausstrahlung von Brechts politischem Theater und seinem Konzept der reflexiven Distanz durch Verfremdung und Illusionsbrechung reicht bis heute. Bedeutendster Brecht-Nachfolger wurde der Dramatiker Heiner Müller (1929–1995), der in kritischem inneren Dialog mit Brecht dessen Theater weiterentwickelte und bekannte: »Es ist vielleicht selbstverständlich geworden, daß man manchmal gar nicht mehr weiß, was man alles von Brecht übernommen hat.« (Heiner Müller: *Gesammelte Irrtümer.* Frankfurt am Main 1986, S. 33) Aber eigentlich stand die gesamte DDR-Intelligenz über alle literarischen Gattungen hinweg unter dem Einfluss Brechts; er war ihr dialektischer Ziehvater, und gerade die intellektuelle List Galileis wurde vielen zum Modell (und zum Trost) im schwierigen Umgang mit der SED. Das gilt für Wolf Biermann und Günter Kunert ebenso wie für Christa Wolf, Peter Hacks oder Christoph Hein. Brecht hat, über die DDR hinaus, im gesamten deutschsprachigen Raum nach 1945 als Autor und Dramaturg Schule gemacht wie kein Zweiter: Es gibt heute wohl kaum einen Bühnenautor, der nicht auch bei ihm in die Lehre gegangen wäre.

VI Rezeption

Leben des Galilei ist das erfolgreichste Bühnenwerk Bertolt Brechts und gleichzeitig das erfolgreichste deutschsprachige Bühnenwerk der Nachkriegszeit überhaupt. Manche der zahlreichen Inszenierungen wurden über Jahre hinweg gespielt und fanden konstant ihr Publikum. Die zweite Einstudierung des Berliner Ensembles von 1978 erlebte 274 Vorstellungen (ED, S. 186). Der hohe Bekanntheitsgrad des Stücks hat zur Folge, dass Brechts darin entworfenes Bild vom Mathematiker und Physiker Galilei sich sogar über das Bild des historischen Galileo Galilei geschoben hat.

Dabei nahm die Rezeptionsgeschichte des *Galilei* einen eher schleppenden Anfang. Brecht war im Exil, als er 1938 die erste Fassung schrieb. Ein Jahr später begann der Zweite Weltkrieg. Auf dem neutralen Boden der Schweiz wagte als einziges europäisches Theater das Schauspielhaus Zürich 1943 eine Aufführung. Die im amerikanischen Exil hergestellte und einstudierte zweite Fassung fand wenig Anklang. Die Amerikaner mochten das Stück nicht. Erst nach Brechts Rückkehr nach Deutschland kam der Durchbruch. Der Uraufführung der dritten, der Berliner Fassung in Köln (1955) und der Aufführung durch das Brecht-Ensemble (1957) folgten lawinenartig weitere deutschsprachige und bald auch ausländische Inszenierungen. 1966 beendete auch das vornehme Burgtheater in Wien seinen Brecht-Boykott: Man konnte es sich nicht mehr leisten, Brecht nicht zu geben.

Ein wiederkehrendes Element dieser Erfolgsgeschichte war das Hadern der großen Hauptdarsteller mit Brechts abschließender Gestaltung des vierzehnten Bilds. Auch die Schauspieler, die unmittelbar mit dem Autor zusammen ihre Rolle erarbeiteten wie Charles Laughton in Kalifornien oder Ernst Busch in Ost-Berlin, waren nicht damit einverstanden, einen

Fred Düren und Ernst Busch als Andrea Sarti und Galilei im vierzehnten Bild von »Leben des Galilei«. Szenenbild aus Bertolt Brechts und Erich Engels Inszenierung des Stücks mit dem Berliner Ensemble (1957).

gänzlich Verdammenswürdigen zu spielen. Sie bestanden darauf, Galilei auch in dieser Szene zumindest als gemischten Charakter anzulegen. Diese Haltung belegt noch einmal aus unmittelbar theaterpraktischer Perspektive, dass innere Unstimmigkeiten des vierzehnten Bilds der stimmigen künstlerischen Gestaltung der Figur insgesamt im Wege stehen.

In der Zeit des Kalten Krieges spielte das Stück im deutsch-deutschen Konflikt und Systemvergleich zwischen Kapitalismus hier und Sozialismus dort eine beträchtliche Rolle. Je mehr die DDR sich abriegelte und die Bürger der DDR sich bis in ihre Privatsphäre hinein von der Staatssicherheit (Stasi) ausspioniert fühlten, umso vielsagender kam ihnen das Schauspiel ihres Staatsdichters Brecht vor, sodass man es schließlich nur noch ungern spielte. Im Westen dagegen, wo der sozialistische Dichter Brecht in den Schulen lange Zeit gemieden worden war, gewann *Leben des Galilei* seit 1968 an

Beliebtheit. In West wie Ost bezog man Galileis letzten Rat an Andrea – »Gib acht auf dich, wenn du durch Deutschland kommst, die Wahrheit unter dem Rock« (Bild 14, S. 129) – auf die fatale deutsch-deutsche Grenze, über die Bücher, Manuskripte und Zeitungen geschmuggelt werden mussten.

In der wissenschaftlichen Aufarbeitung von Leben und Werk Brechts, und damit auch des *Galilei*, waren die exzellenten DDR-Germanisten Werner Mittenzwei und Ernst Schumacher führend. Erst an der großen kommentierten Brecht-Ausgabe, einem Gemeinschaftsprojekt der Verlage Suhrkamp (Frankfurt am Main) und Aufbau (Berlin-Ost), waren auch westdeutsche Germanisten beteiligt (*Große kommentierte Berliner und Frankfurter Ausgabe.* 30 Bände in 32 Teilbänden. Herausgegeben von Werner Hecht, Jan Knopf, Werner Mittenzwei und Klaus-Detlef Müller. Berlin, Weimar und Frankfurt am Main 1988 ff.).

Die bedeutendste Resonanz erfuhr Brechts Stück durch den Schweizer Dramatiker Friedrich Dürrenmatt (1921–1990) und den Psychiater, Schriftsteller und Dramaturgen Heinar Kipphardt (1922–1982). Beide stellten in erfolgreichen Bühnenwerken wie Brecht die Frage nach der Verantwortung des Kernphysikers im atomaren Zeitalter. Dürrenmatts literarische Antwort, sein ausdrücklicher Gegenentwurf gegen Brechts Lösung, ist die Kriminalkomödie *Die Physiker* (1962). Sein Stück setzt da an, wo Brechts Stück aufhörte: beim Resümee, dass der Wissenschaftler sein Wissen nie mehr den gierigen Händen der Obrigkeit ausliefern dürfe, weil er sonst riskiere, zum Verbrecher an der Menschheit zu werden. Aber bei Dürrenmatt führt der ehrenhafte Versuch einer solchen Verweigerung zu einem absurden Fehlschlag.

Heinar Kipphardt übernimmt in sein Dokumentarstück *In der Sache J. Robert Oppenheimer* (1964) viele Passagen wörtlich aus den Protokollen der US-Behörde, die den Kernphysiker

1954 verhörte (vgl. S. 38 dieses Bands), fügt aber auch fiktiven Text hinzu. In seinem Schlusswort fragt sich Kipphardts Oppenheimer, »ob wir Physiker unseren Regierungen nicht zuweilen eine zu große, eine zu ungeprüfte Loyalität gegeben haben«, und er fährt fort: »Wir haben die besten Jahre unseres Lebens damit verbracht, immer perfektere Zerstörungsmittel zu finden, wir haben die Arbeit der Militärs getan« (Ausgabe des Stücks in der *edition suhrkamp*, Frankfurt am Main 1979, 40. Auflage 2006, S. 140 f.). Er wirft sich nicht etwa – wie die Anklage lautet – Verrat an den USA vor, sondern Verrat an der Wissenschaft, da er sich in den wie Kriegsobjekte bewachten Laboratorien der Kernphysik die Frage nach den Konsequenzen seines Tuns nicht deutlich genug gestellt habe. Oberflächlich betrachtet kommt seine Selbstbezichtigung der von Brechts Galilei im vierzehnten Bild nahe, aber die von Kipphardts Oppenheimer gezogene Schlussfolgerung ist ihr entgegengesetzt. Oppenheimer plädiert dafür, »zu unseren wirklichen Aufgaben« zurückzukehren, und versteht darunter, sich ausschließlich der Forschung zu widmen (S. 141). Brechts Utopie, dass die Erträge naturwissenschaftlichen Forschens in die richtigen Hände gelangen könnten, erteilt auch Kipphardt eine Absage.

Vermutlich war Brecht, dem Faschismus entronnen und auf den Kommunismus bauend, der letzte bedeutende deutsche Dramatiker des 20. Jahrhunderts mit einem optimistischen Weltbild.

Auswahlbibliographie

Ausgaben

BERTOLT BRECHT: Leben des Galilei – Text und Kommentar. Frankfurt am Main: Suhrkamp Verlag 1998 (Suhrkamp BasisBibliothek 1). – Nach dieser Ausgabe wird das Stück zitiert.

BERTOLT BRECHT: Gesammelte Werke in 20 Bänden. Frankfurt am Main: Suhrkamp Verlag 1963 ff. (zitiert als: BW).

Bertolt Brechts Leben des Galilei – Fassungen, Modelle, Anmerkungen. Sonderband zum 100. Geburtstag von BERTOLT BRECHT in der Reihe »Spectaculum«. Frankfurt am Main: Suhrkamp Verlag 1998 (zitiert als: Spectaculum).

Chroniken, Biographien, Lebenszeugnisse

ESSLIN, MARTIN: Brecht – Das Paradox des politischen Dichters. Frankfurt und Bonn: Athenäum Verlag 1962 (zitiert als: Esslin). – Diese frühe Brecht-Biographie untersucht, wie Brechts dichterische Kraft aus der Spannung zwischen ideologischer Intention und künstlerischer Intuition entspringt.

HECHT, WERNER (Hrsg.): Brecht – Sein Leben in Bildern und Texten. Frankfurt am Main: Insel Taschenbuch Verlag 1988 (erste Auflage: Suhrkamp Verlag 1978).

HECHT, WERNER (Hrsg.): Brechts Leben des Galilei. Materialien. Frankfurt am Main: Suhrkamp Verlag 2001 (zitiert als: Hecht). – Dieser Band enthält manches Material, auf das in der zwanzigbändigen Frankfurter Ausgabe verzichtet wurde.

JARETZKY, REINHOLD: Bertolt Brecht. Reinbek bei Hamburg: Rowohlt Taschenbuch Verlag 2006 (rowohlts monographien 50692) (zitiert als: Jaretzky). – Der Band ersetzt die alte Monographie von MARIANNE KESTING.

LANGEMEYER, PETER: Erläuterungen und Dokumente. Bertolt Brecht: Leben des Galilei. Stuttgart: Reclam Verlag 2001 (RUB 16020) (zitiert als: ED).

Mittenzwei, Werner: Das Leben des Bertolt Brecht oder der Umgang mit den Welträtseln. 2 Bände. Berlin und Weimar: Aufbau Verlag 1986 (zitiert als: Mittenzwei I bzw. II). – Die berühmteste, noch immer gültige Brecht-Biographie. Detailreich, außerordentlich urteilsfähig und spannend zu lesen.

Handbücher und Gesamtdarstellungen

Hallet, Wolfgang: Bertolt Brecht: Leben des Galilei. München: Oldenbourg Verlag 1991, 2000 (zitiert als: Hallet). – Kenntnisreiche, gründliche und gut geschriebene Unterrichtshilfe für Lehrer.

Knopf, Jan: Brecht-Handbuch Theater. Stuttgart: Verlag J. B. Metzler 1980 (zitiert als: Knopf). – Der Artikel zum »Galilei« rekonstruiert die Entstehungsgeschichte und widmet jeder Fassung eine eigene eingehende Interpretation.

Schumacher, Ernst: Bertolt Brechts »Leben des Galilei« und andere Stücke. Berlin: Henschel Verlag 1965 (zitiert als: Schumacher). – 522 Seiten! Die umfangreichste und grundlegende Arbeit zu Entstehung, Zeitbezug, biographischem Bezug, Ästhetik und Ethik des »Galilei«; ein Glanzstück germanistischer Forschung.

Thomsen, Frank, Hans-Harald Müller, Tom Kindt: Ungeheuer Brecht – Eine Biographie seines Werkes. Göttingen: Vandenhoeck & Ruprecht 2006 (zitiert als: Thomsen). – Die gegenwärtig aktuellste und umfassendste Interpretation von Brechts dramatischem Werk.

Zimmermann, Werner: Bertolt Brecht, Leben des Galilei – Dramatik des Widerspruchs. Paderborn: Schöningh Verlag 1985.

Beiträge zu einzelnen Aspekten des Stücks

Grimm, Reinhold: Die Luthersprache im Munde Brechts – Ein essayistischer Vortrag. In: Deutsche Sprache 1986, 14. Jahrgang, S. 253–242.

HALLET, WOLFGANG: Der kleine Mönch und der große Galilei – Einfühlung und Verfremdung in Brechts »Leben des Galilei« und im Literaturunterricht. In: Diskussion Deutsch, Heft 139, 1994, S. 305–312. – Hallet analysiert Szene 8 als Höhepunkt des Stücks, in dem sich aristotelische und epische Ästhetik begegnen.

KNOPF, JAN: Bertolt Brecht und die Naturwissenschaften. In: Brecht Jahrbuch. Frankfurt am Main: Suhrkamp Verlag 1974, S. 13 bis 38. – Knopf konzentriert sich auf das Motiv des »neuen Sehens«, in dem Brecht die naturwissenschaftliche Methode zum Prinzip der Aufklärung erhebe.

MÜLLER, HANS-HARALD: Brechts »Leben des Galilei« – eine Interpretation zweier Dramen. In: GILLETT, ROBERT (Hrsg.): Verwisch die Spuren. Amsterdam: Rodopi Verlag 2008, S. 227–238.

NÄGELE, RAINER: Zur Struktur von Brechts »Leben des Galilei«. In: Der Deutschunterricht 23, Jahrgang 1991, Heft 1, S. 86–99. – Der Autor hat den originellen Einfall, die Bilder 1 bis 7 und 9 bis 15 als vom Zentralpunkt des Bilds 8 ausgehende parallel verschobene Spiegel zu deuten, die die Themen von Wissenschaft und Gesellschaft, Wissenschaft und Macht sowie Wissenschaft und Alltag beziehungsreich reflektieren.

Information über den historischen Galileo Galilei

HEMLEBEN, JOHANNES: Galilei. Reinbek bei Hamburg: Rowohlt Taschenbuch Verlag 1969, 2006 (rowohlts monographien 50156) (zitiert als: Hemleben). – Die bereits 1969 entstandene Darstellung repräsentiert nicht mehr den letzten Stand der Forschung, bietet aber einen guten Überblick und ist gut lesbar.

PADOVA, THOMAS DE: Das Weltgeheimnis – Kepler, Galilei und die Vermessung des Himmels. München und Zürich: Piper Verlag 2009 (zitiert als: Padova). – Dieser Darstellung der unterschiedlichen Lebens- und Arbeitsumstände Keplers und Galileis liegt deren Briefwechsel zugrunde.

Über die Autorin

Gisela Wand hat in Freiburg, Göttingen und Marburg Geschichte und Germanistik studiert. Sie unterrichtete im Schuldorf Bergstraße und am Starkenburg-Gymnasium in Heppenheim und war viele Jahre lang Fachleiterin für Deutsch am Studienseminar für das Lehramt an Gymnasien in Bensheim (Südhessen). Zusammen mit Alfred Diwersy hat sie die Bildbände *Irak – Land zwischen Euphrat und Tigris* (2001) und *Von Babylon bis Bagdad – Kulturerbe im Irak* (2004) als Kultur- und Reiseberichte herausgebracht. Sie war Mitautorin des von Klasse 5 bis Klasse 10 sich aufbauenden Sprachbuchs *Textnah*, hat Einzelbände mit Interpretationen zum *Törleß* und zur *Marquise von O …*., Unterrichtsmodelle zum kreativen Schreiben, zum Thema »Liebeslyrik« und zu Schillers *Räubern* veröffentlicht und verfasst seit 2006 Übungsaufgaben und Musteraufsätze zu den Themen des hessischen Zentralabiturs.

Bildquellenverzeichnis

Titelbild: Josef Bierbichler als Galilei in B. K. Tragelehns Inszenierung von Brechts »Leben des Galilei« mit dem Berliner Ensemble aus dem Jahre 1997. Foto: © ullstein bild – Wild

S. 9, 13 und 120: © ullstein bild

S. 21: © ullstein bild – Keystone

S. 27, 29, 37, 73 und 95: akg-images, Berlin

S. 33: © Photo Scala, Florence – courtesy of the Ministero Beni e Att. Culturali

S. 47: © ullstein bild – Abraham Pisarek

S. 55: Niedersächs. Staats- und Universitätsbibliothek Göttingen

S. 83: © Cinetext / Henschel Theater-Archiv.

S. 98: © ullstein bild – Roger Viollet

Textquellenverzeichnis

S. 9 f.: Lion Feuchtwanger über Brecht. Abdruck mit freundlicher Genehmigung der Aufbau Verlag GmbH & Co. KG, Berlin

S. 13: Arnolt Bronnen: Arnolt Bronnen gibt zu Protokoll. Beiträge zur Geschichte des modernen Schriftstellers. Abdruck mit freundlicher Genehmigung. © Aufbau Verlag GmbH & Co. KG, Berlin 1985

S. 18, 61 und 67: Textauszüge aus: Bertolt Brecht, Kleines Organum, aus: Große kommentierte Berliner und Frankfurter Ausgabe, Band 23, Schriften 3 © Copyright Suhrkamp Verlag Frankfurt am Main 1993

S. 24: Textauszug aus: Bertolt Brecht, Brechts Verfügung zu seinem Begräbnis, aus: Große kommentierte Berliner und Frankfurter Ausgabe, Band 30, Briefe 3 © Copyright Suhrkamp Verlag Frankfurt am Main 1998

S. 24 und 52: Bertolt Brecht, Die Lösung, Der Schneider von Ulm, aus: Große kommentierte Berliner und Frankfurter Ausgabe, Band 12, Gedichte 2 © Copyright Suhrkamp Verlag Frankfurt am Main 1988

S. 36: Textauszug aus: Bertolt Brechts Leben des Galilei – Fassungen, Modelle, Anmerkungen. Sonderband zum 100. Geburtstag von Bertolt Brecht in der Reihe »Spectaculum« © Copyright Suhrkamp Verlag Frankfurt am Main 1998

S. 85 f.: Bertolt Brecht, Leben des Galilei, aus: Große kommentierte Berliner und Frankfurter Ausgabe, Band 5, Stücke 5 © Copyright Suhrkamp Verlag Frankfurt am Main 1988

S. 94: Textauszug aus: Bertolt Brecht, Preis oder Verdammung des Galilei, in: Anmerkungen zu Leben des Galilei, aus: Große kommentierte Berliner und Frankfurter Ausgabe, Band 24, Schriften 4 © Copyright Suhrkamp Verlag Frankfurt am Main 1991

Bereits erschienen:

Friedrich Schiller: *Maria Stuart* (47700)
Johann Wolfgang von Goethe: *Die Leiden des jungen Werther* (47701)

Folgende weitere Bände der Reihe »Schroedel Interpretationen« erscheinen in 2009/2010:

Franz Kafka: *Der Proceß* (47703)
Friedrich Schiller: *Don Karlos* (47704)
Heinrich von Kleist: *Michael Kohlhaas* (47705)
Friedrich Dürrenmatt: *Der Besuch der alten Dame* (47706)
Theodor Fontane: *Effi Briest* (47707)
Georg Büchner: *Woyzeck* (47708)
Heinrich von Kleist: *Das Erdbeben in Chili* (47709)
Arthur Schnitzler: *Leutnant Gustl* (47710)
Arthur Schnitzler: *Traumnovelle* (47711)
Friedrich Dürrenmatt: *Die Physiker* (47712)
Heinrich von Kleist: *Prinz Friedrich von Homburg* (47713)
Wolfgang Koeppen: *Tauben im Gras* (47714)

Eine Auswahl von Lektüren der Reihe Texte • **Medien**
(Textausgaben mit Materialien)

Die einzelnen Bände werden jeweils durch **Arbeitshefte**, **Informationen für Lehrerinnen und Lehrer** und zum Teil **mediales Zusatzangebot** ergänzt:

Georg Büchner: *Woyzeck* (47028)
Annette von Droste-Hülshoff: *Die Judenbuche* (47001)
Theodor Fontane: *Irrungen, Wirrungen* (47004)
Johann Wolfgang von Goethe: *Faust I* (inkl. Mini-DVD) (47009)
E. T. A. Hoffmann: *Der Sandmann* (47010)
Franz Kafka: *Die Verwandlung und andere Erzählungen* (47005)
Heinrich von Kleist: *Michael Kohlhaas* (47027)
Gotthold Ephraim Lessing: *Nathan der Weise* (47011)
Friedrich Schiller: *Die Räuber* (47058)
Friedrich Schiller: *Don Karlos* (47024)
Arthur Schnitzler: *Traumnovelle* (47006)

Weitere Titel sowie eine Übersicht zu geplanten neuen Textausgaben finden Sie unter: www.schroedel.de/textemedien